MIRKO KRÜGER

ERFURT
AUF DEN ZWEITEN BLICK

DER BESONDERE STADTFÜHRER
ZU DEN VERBORGENEN SCHÄTZEN

Bildnachweis

Thüringer Allgemeine: Sascha Fromm S. 5; Funke Foto Service: Jens König S. 8; Stadtverwaltung Erfurt: Anja Schultz S. 11, Ulrich Kneise S. 14, Norman Hera S. 17; SWE/egapark Erfurt/Steve Bauerschmidt S. 158; Alle anderen Abbildungen: Mirko Krüger

Bibliografische Information der Deutschen Nationalbibliothek
Die Deutsche Nationalbibliothek verzeichnet diese Publikation in der Deutschen Nationalbibliografie; detaillierte bibliografische Daten sind im Internet über http://portal.dnb.de abrufbar.

Impressum

1. Auflage Mai 2024
Satz und Gestaltung: Joachim Bartels
Umschlaggestaltung: Roland Pecher
Umschlagfotos: Funke Foto Services/Jens König (1), Mirko Krüger
Druck und Bindung: AALEXX Druck Produktion,
Thönser Str. 5a, 30938 Großburgwedel

ISBN 978-3-8375-2575-5

KLARTEXT

Jakob Funke Medien Beteiligungs GmbH & Co. KG
Jakob-Funke-Platz 1, 45127 Essen
info.klartext@funkemedien.de
www.klartext-verlag.de

Inhalt

Bevor es losgeht

Blumenstadt, Lutherstadt, Domstadt, Universitätsstadt – und seit 2023 auch Welterbe-Stadt. Erfurt wartet mit derart viel an Sehenswertem auf, dass selbst für Alteingesessene eine Entdeckungstour nie langweilig wird. Dieses Buch lädt ein zu einem Bummel durch Raum und Zeit. In den Vordergrund rücken Schätze, die wir oft erst auf den zweiten Blick wahrnehmen. Kurioses gehört dazu und Vergessenes, aber auch Umstrittenes. Wir begegnen biblischen Einhörnern und einem am Dom versteckten Sündenbock. Wir gehen ins Gefängnis und sitzen mit einer Königstochter beim Hochzeitsmahl. Wer sich traut, schaut in Erfurts geheimnisvollsten Briefschlitz. Aber Vorsicht, Sie könnten von diesem Blick süchtig werden!

Sie merken schon: Erfurt ist weit mehr als nur ein Punkt auf der Landkarte. Erfurt ist eine Stadt voller Geschichte und Geschichten. Sie ist quicklebendig, sie pulsiert – und sie zieht unglaublich viele Besucher an. Bis zu 12 Millionen sind es pro Jahr. Anders gesagt: Auf jeden Einwohner kommen mehr als 50 Touristen. Tagesbesucher gehören ebenso dazu wie Übernachtungsgäste. Ich möchte sie alle dazu verführen, mit offenen Augen durch unser wunderbares Erfurt zu wandeln.

Gern lade ich Sie auch ein zum Dialog. Was gefällt Ihnen an diesem Buch, was nicht? Welche Geschichten vermissen Sie? Ich freue mich auf Ihre Post an mirko.krueger@aol.com

Der Mariendom ist das Wahrzeichen der Stadt.

Berliner Platz
20
Ilversgehofen
Marbach
Johannesvorstadt
23
Andreasvorstadt
Krämpfervorstadt
Erfurt
5
21
Brühlervorstadt
23
29
25
Daberstedt
Löbervorstadt
24
29
Her
Hochheim
19
29
K 35
Steigerwald
Bischleben-
Stedten
Rhoda
L 1049

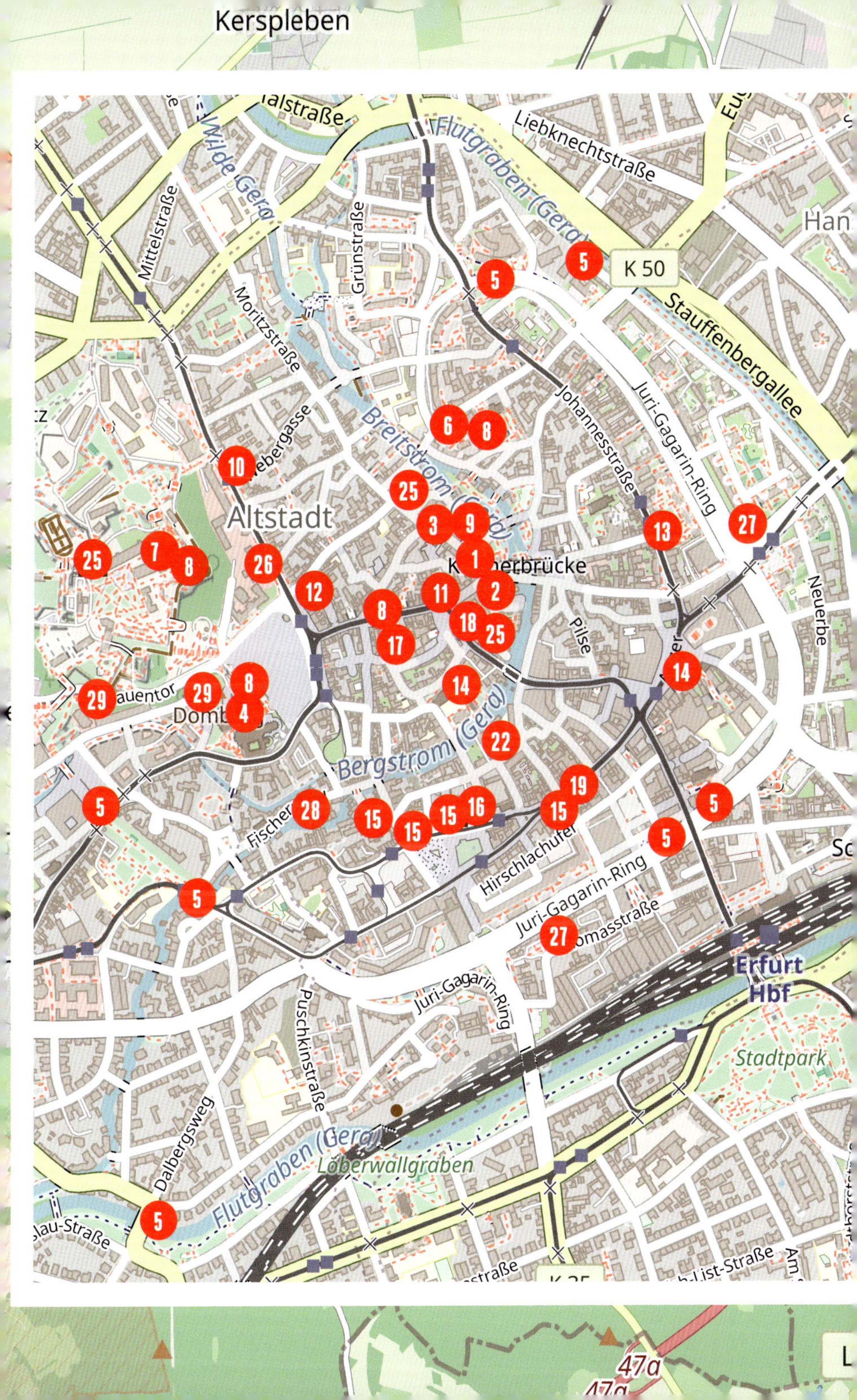

Kerspleben
Flutgraben (Gera)
Liebknechtstraße
K 50
Stauffenbergallee
Wilde Gera
Mittelstraße
Moritzstraße
Grünstraße
Breitstrom (Gera)
Johannesstraße
Juri-Gagarin-Ring
Altstadt
Krämerbrücke
Pilse
Neuerbe
Domberg
Bergstrom (Gera)
Hirschlachufer
Juri-Gagarin-Ring
Thomasstraße
Erfurt Hbf
Stadtpark
Puschkinstraße
Dalbergsweg
Flutgraben (Gera)
Löberwallgraben
Han

01| ALTSTADT
DAS JÜDISCH-MITTELALTERLICHE WELTERBE

Kommt die Rede auf das Welterbe, denken viele sogleich an die Pyramiden von Gizeh und das Taj Mahal, an die Chinesische Mauer oder die Wartburg. Sie ragen nicht nur aus der Geschichte der Menschheit heraus, sondern ebenso aus den sie umgebenden Landschaften. Anders verhält es sich mit den drei Welterbe-Stätten in Erfurt. Sie liegen vergleichsweise versteckt in der Altstadt. Noch dazu muten sie auf den ersten Blick unspektakulär an. Kurzum: Sie entsprechen dem Titel dieses Buchs – Erfurt auf den zweiten Blick – auf ureigene Weise.

Am 17. September 2023 versammelten sich mehr als 100 Erfurter im Rathaus, um gemeinsam in die Ferne zu schauen. Eine Live-Schaltung verband sie mit dem 4200 Kilometer entfernten Riad. In der Hauptstadt Saudi-Arabiens beriet das Welterbe-Komitee der Unesco über die Nominierung dreier jüdisch-mittelalterlicher Stätten aus Erfurt. Die Offiziellen hatten über die Alte Synagoge, das Ritualbad Mikwe sowie ein Wohnhaus aus dem 13. Jahrhundert zu befinden. Kurz nach 16 Uhr hob ein Verantwortlicher in Riad an, die Entscheidung zu verkünden. Er hatte nicht mal ausgesprochen, da brandete tosender Jubel im Rathaus auf.

Dank sozialer Netzwerke sowie durch Eilmeldungen der klassischen Medien verbreitete sich die Nachricht wie ein Lauffeuer. Wir sind Welterbe! Aber sogleich fragten sich nicht wenige Erfurter: Welche Gebäude sind das eigentlich, die derart geehrt werden? Bereits zu DDR-Zeiten war im Gespräch, dass der Mariendom und St. Severi ins Welterbe-Verzeichnis gehören. Später kamen auch die Krämerbrücke und das Augustinerkloster auf die Wunschliste. In der Tat adelt die Unesco immer mal wieder vergleichbare Bauwerke mit dem werbewirksamen Titel. Nun aber, anno 2023, würdigte die Weltkulturorganisation keinen Dom, kein Kloster und auch keine Brücke – sondern Bauwerke, die im Erfurter Stadtbild kaum auffallen. Doch spätestens die Begründung ließ aufhorchen. Die Unesco misst den jüdisch-mittelalterlichen Stätten einen außergewöhnlichen universellen Wert zu. Ausschlaggebend dafür ist das Erfüllen zweier Kriterien. Erstens stellen diese Bauten ein einzigartiges bzw. außergewöhnliches Zeugnis einer kulturellen Tradition dar. Zweitens versinnbildlichen sie einen bedeutsamen Abschnitt in der Geschichte der Menschheit.

Dass es überhaupt so weit kommen konnte, hat nicht zuletzt mit Glück zu tun – mit dem Glück des Tüchtigen. Zwei der drei Stätten waren lange Zeit vergessen und wurden erst in jüngster Vergangenheit wiederentdeckt. Noch dazu gelang 1998 bei Bauarbeiten ein einzigartiger Schatzfund. Mehr als 700 Schmuckstücke gotischer Goldschmiedekunst, mehrere silberne Becher und Schalen sowie 3141 Silbermünzen traten in der Altstadt zutage. Das wertvollste Stück ist ein jüdischer Hochzeitsring, der von einem Miniaturgebäude aus reinem Gold gekrönt ist. Ihn ziert die hebräische Inschrift „masel tow". Sie steht für „Guter Stern", was so viel bedeutet wie „Viel Glück".

Der Hochzeitsring besteht aus reinem Gold. Er trägt eine gotische Tempelarchitektur.

Inwieweit dieser Wunsch dem einstigen Ehepaar wirklich Glück gebracht hat, verliert sich im Dunkel der Geschichte. Und diese Geschichte ist wirklich eine finstere. Es war eine Welle des Hasses, der Erfurt letztlich all die Kostbarkeiten zu verdanken hat. Mit großer Wahrscheinlichkeit hatte ein jüdischer Bankier den Schatz während des Pogroms von 1349 im Keller seines Hauses vergraben. Besitzer des Grundstücks war ein gewisser Kalman von Wiehe.

1349 grassierte die Pest in Mitteleuropa. Zehntausende fielen ihr zum Opfer, Christen ebenso wie Juden. Die Menschen konnten sich die Epidemie nicht erklären, vermuteten aber vergiftetes Wasser als Ursache. Alsbald wurden Juden zu Brunnenvergiftern erklärt; in ganz Deutschland kam es zu Pogromen. Allein in Erfurt starben dabei etwa 1000 jüdische Frauen, Kinder und Männer.

An das Pogrom erinnert nicht nur der Schatz. Im Stadtarchiv haben zudem die Verhörprotokolle dreier sogenannter Judenschläger die Zeitläufe überdauert. In diesen Papieren taucht ein Hugo Lange auf. Er hatte am 21. März 1349 den Auftrag des städtischen Rates erhalten, die Gemüter der Erfurter zu beruhigen. Er aber forderte stattdessen die Christen dazu auf, die Juden zu erschlagen. „Euch hindert hieran nymandt", so steht es in dem Protokoll. Niemand hindert euch daran.

Zur historisch verbürgten Wahrheit gehört, dass Erfurt vielen Tätern den Prozess gemacht hat. 40 Männer wurden verbannt. Vermutlich fünf Rädelsführer richtete man hin. Doch nicht das Massaker an den Juden an sich wurde bestraft, sondern der Ungehorsam gegenüber dem Stadtrat. Zugleich konnten sich einflussreiche Bürger einer harten Bestrafung entziehen. Zu ihnen gehörte Hugo Lange. Er kam mit einer Kirchenbuße glimpflich davon.

Welterbe I: Die Alte Synagoge

Der jüdische Schatz wurde während des Aushubs einer Baugrube in der Michaelisstraße entdeckt. Hier hatte sich im 14. Jahrhundert das jüdische Viertel von Erfurt erstreckt. Schmuckstücke gehören zwar prinzipiell nicht zum Welterbe, doch in diesem Fall werden sie in einem zum Welterbe erklärten Bauwerk ausgestellt – in der Alten Synagoge. Sie befindet sich nur wenige Schritte vom Fundort des Schatzes entfernt in der Waagegasse. Wer hier zufällig entlangspaziert, dem fällt das Haus allerdings kaum auf. Es steht hinter einem modernen Empfangsgebäude.

Die Erfurter Synagoge ist eine der ältesten erhaltenen in Europa. Ihre Baugeschichte lässt sich bis 1094 zurückverfolgen. In jenem Jahr wurden laut einer

Die Alte Synagoge ist mit ihren Bauteilen aus dem 11. Jahrhundert die älteste, bis zum Dach erhaltene Synagoge in Mitteleuropa.

Karin Sczech und Maria Stürzebecher haben das jüdisch-mittelalterliche Welterbe erforscht. Hier stehen sie vor der Alten Synagoge.

dendrochronologischen Untersuchung die Bäume für die verwendeten Balken gefällt. Bis zum 14. Jahrhundert erfolgten mehrere Um- und Ausbauten. Nach dem Pogrom von 1349 wurde die Synagoge nur noch als Speichergebäude genutzt. Eigens dafür erfuhr das Gebäude weitere Veränderungen. Dazu gehörte, zwei große Tore ins Mauerwerk zu brechen, damit Fuhrwerke in das Lagerhaus fahren können. Dabei blieb es gut und gerne 500 Jahre. Dann erlebte die Synagoge ihre mittlerweile dritte Zweckbestimmung, nun als Gasthaus inclusive Tanzsaal und Kegelbahn.

Letztlich rettete die wechselnde Nutzung die Synagoge. Gut möglich, dass den Erfurtern in der ersten Hälfte des 20. Jahrhunderts der ursprüngliche Charakter des Baus nicht mehr bewusst war. Während die Nazis die Große Synagoge am Kartäuserring (heute: Juri-Gagarin-Ring) verwüsteten und abfackelten, blieb die Alte Synagoge verschont. Ausgangs der 1980er Jahre entdeckten Denkmalpfleger das noch immer als Gaststätte genutzte Gebäude neu. Noch aber sollte es bis 1998 dauern, ehe die Stadt die Immobilie erwerben und mit der Sanierung beginnen konnte. 2009 öffnete die Alte Synagoge als Museum zur Kultur und Geschichte der jüdischen Gemeinde. Das Gebäude selbst ist das wichtigste Exponat. Trotz der späteren Umbauten ist der originale Bestand aus dem Hochmittelalter umfangreich geblieben. Dank des hohen Grades an Intaktheit und Authentizität stellt die Synagoge ein einzigartiges Zeugnis der jüdischen Tradition dar.

Welterbe II: Das Ritualbad Mikwe

Die sich direkt hinter der Krämerbrücke befindende Mikwe ist den Blicken noch stärker entzogen als die Alte Synagoge. Um das nur noch in Teilen erhaltene Badehaus vor Umwelteinflüssen zu schützen, wurde es 2011 durch einen Schutzbau eingehaust. Von außen wirkt die Anlage deshalb wie ein Bunker. Immerhin weisen ein Schild sowie ein Lichtschacht auf den wahren Kern hin, auf ein etwa 9 mal 3 Meter großes Ritualbad.

Das tief ins Erdreich eingelassene Wasserbecken diente der rituellen Reinigung. Vor allem Frauen nutzten die Mikwe, etwa nach der Menstruation sowie nach Geburten. Aber auch nach dem Berühren von Toten reinigten sich die Juden. Der vollkommen nackte Körper musste komplett unter Wasser tauchen. Ebenso wurde neues Geschirr vor dessen erster Benutzung gereinigt. Wichtig für das Betreiben des Ritualbades war, dass es über lebendiges, also frisches Wasser verfügte. Das ist hier, direkt am Ufer der Gera der Fall.

Die Mikwe befindet sich direkt hinter der Krämerbrücke.
Sie ist von einem Schutzbau aus Beton umgeben.

Bereits im 12. Jahrhundert unterhielten die Erfurter Juden eine Mikwe. Sie zahlten dafür sogar Abgaben, zunächst an den Bischof, dann an die Stadt. Bis ins 15. Jahrhundert wurde das Ritualbad als solches genutzt, also auch nach dem Pogrom. Dann erzwang die Stadt die Abwanderung der zweiten jüdischen Gemeinde. In der Folge wurde das nicht mehr benötigte Wasserbecken verfüllt, während das Gewölbe eine neue Nutzung als Keller erfuhr. Nachdem der oberirdische Gebäudeteil einem Brand zum Opfer gefallen war, legte die benachbarte Kirchgemeinde auf dem Grundstück einen christlichen Friedhof an.

Die Geschichte der Wiederentdeckung der Mikwe ist abenteuerlich. Als im Jahr 2007 eine Stützmauer am Ufer der Gera erneuert werden sollte, begutachtete die Archäologin Karin Sczech routinemäßig die Baustelle. Es war eine glückliche Fügung, dass ihr besonders behauene Steine im Erdreich auffielen. Sofort erging ein Baustopp, die Ausgrabung begann. Schnell wurde klar: Hier befand sich keiner jener normalen Keller, wie man sie im mittelalterlichen Erfurt bereits etliche Male entdeckt hatte.

Die restaurierte Mikwe kann während Führungen besichtigt werden. Die Besucher erwartet kein perfekt wiederhergestelltes Ritualbad. Die Spuren der Zeit sind sichtbar. Das gilt insbesondere für die Gewölbedecke, die nicht mehr vollständig erhalten ist. Trotzdem ist die ursprüngliche Funktion der Mikwe vollständig nachvollziehbar.

Ein Rätsel gibt ein Sandsteinquader auf, der nach dem Pogrom in der damals teilzerstörten Mikwe verbaut wurde. In diesen Stein hat ein unbekannter Künstler den Kopf eines Mannes gemeißelt. Eine derartige Darstellung passt nicht ins jüdische Glaubensverständnis, erst recht nicht in einem derart besonderen Bauwerk. Die Vermutung liegt nahe, dass es sich um eine Zweitverwendung des Steinblocks handelt. Jedenfalls wurde das Bildnis kopfstehend eingemauert sowie mit Mörtel verputzt.

Welterbe III: Das Steinerne Haus

Dieses Gebäude steht direkt hinterm Rathaus. Es ist frei einsehbar, wird aber dennoch eher beiläufig wahrgenommen. Warum? Das Steinerne Haus ist Teil eines langgestreckten, mehrteiligen Ensembles. Am bekanntesten ist der vordere Teil des Komplexes; in ihm befindet sich seit vielen Jahren die „Erfurt Tourist Information".

Im Gegensatz zu Mikwe und Alter Synagoge handelt es sich beim Steinernen Haus nicht um ein für religiöse Zwecke errichtetes Bauwerk. Es ist vielmehr eines der wenigen überhaupt erhaltenen Zeugnisse mittelalterlicher jüdischer Wohnkultur. Das Haus stammt aus der Zeit vor 1250 und ist weitgehend originalgetreu erhalten. Experten zeigen sich vor allem von der Ausstattung des Obergeschosses fasziniert. Es verfügt über eine prächtige, farbig gefasste Decke aus Holzbalken. Laut Unesco handelt es sich um die älteste bekannte Verzierung dieser Art nördlich der Alpen in einem profanen Gebäude.

Zur Zeit des Entstehens dieses Buchs war das Steinerne Haus noch nicht einer breiten Öffentlichkeit zugänglich. Zunächst stehen umfängliche Restaurierungsarbeiten an. Im Zuge von Führungen kann zumindest der Gewölbekeller besichtigt werden. In ihm hat die Stadt ein Schaudepot mittelalterlicher jüdischer Grabsteine eingerichtet. Sie stammen aus dem 13. bis 15. Jahrhundert. Der einstige jüdische Friedhof befand sich am Rande der Altstadt. Bereits im 15. Jahrhundert wurde auf dem Friedhofsgelände der noch immer erhaltene Kornhofspeicher errichtet.

Das Steinerne Haus stammt aus dem 13. Jahrhundert. Es ist nur eingeschränkt zugänglich.

Im Keller des Steinernen Hauses lagern jüdische Grabsteine.

Den Welterbe-Titel hat die Stadt Erfurt nicht allein drei Bauwerken zu verdanken, sondern zugleich zwei Frauen. Die Kunsthistorikern Maria Stürzebecher und die Archäologin Karin Sczech haben mehr als ein Jahrzehnt intensiv zum jüdisch-mittelalterlichen Erbe geforscht. Sie waren es, die Erfurts Bewerbung maßgeblich vorangetrieben haben. Das freilich würden beide Frauen in ihrer ureigenen Bescheidenheit so nicht sagen. Sie drängt es nicht ins Rampenlicht.

Zu diesem Selbstverständnis passt, dass die Stadt im Welterbe-Titel nicht allein Chancen für den Tourismus sieht, sondern ebenfalls große Verpflichtungen. Es gilt nicht nur, die Infrastruktur auszubauen und die drei Stätten noch stärker im Bewusstsein der Einheimischen zu verankern. Ebenso soll die wissenschaftliche Arbeit fortgesetzt werden, und das idealerweise in Kooperation mit nationalen und internationalen Partnern.

Masel tow, so steht es auf dem Hochzeitsring. Erfurt hat Glück.

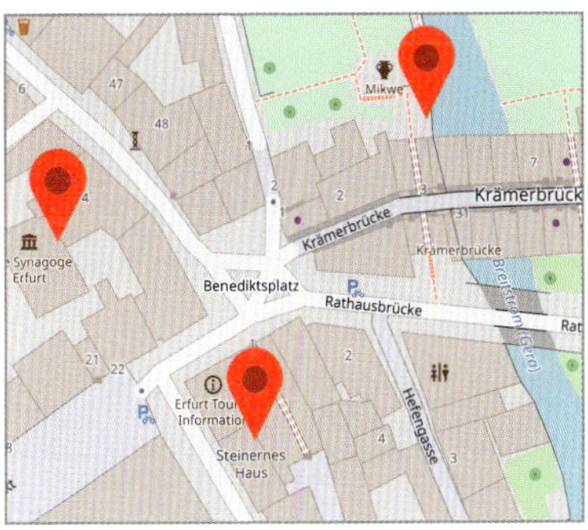

Alte Synagoge
Waagegasse 8
99084 Erfurt
Mikwe
Hinter der Krämerbrücke
99084 Erfurt
Steinernes Haus
Rathausgasse
99084 Erfurt

02 | Altstadt
Die verschwundene Kirche

Erfordia turrita. Das an Türmen reiche Erfurt. Diesen Beinamen trug die Stadt bereits im Mittelalter. Die älteste bekannte Stadtansicht stammt aus dem Jahr 1493; sie führt den Beinamen vor Augen. Überall ragen Kirchtürme empor. Das galt seinerzeit auch für Erfurts profanes Wahrzeichen: Die Krämerbrücke wurde beidseitig von Kirchen begrenzet. Doch nur eine hat die Zeitläufe überdauert.

Wer über Thüringens berühmteste Brücke läuft, nimmt sie zunächst überhaupt nicht als solche wahr. Mit Ausnahme eines schmalen Durchgangs ist die Krämerbrücke beidseitig mit Fachwerkhäusern bebaut. Allerlei Lädchen gibt es hier. Künstler und Kunsthandwerker haben sich niedergelassen. Einladender kann die Atmosphäre kaum sein. Einfach nur bummeln, schauen, staunen ist angesagt – und unbedingt auch schlecken. Auf der Brücke bietet ein Chocolatier das vermutlich beste Eis der Stadt an.

Doch mal ehrlich: Wer hat sich bereits die Zeit genommen, auch den Turm der angrenzenden Ägidienkirche zu besteigen? Wer hat von hier der Brücke und der übrigen Altstadt aufs Dach geschaut? Der Aufstieg lohnt allemal: Während die angrenzenden Straßencafés meist sehr belebt sind, herrscht in 33 Metern Höhe eine idyllische Ruhe vor. Der Turm gestattet eine 360-Grad-Rundumsicht. Dennoch gibt es einen besonders beliebten Ausblick. Er richtet sich über das nahe Rathaus hinweg zum Domberg mit St. Marien und St. Severi.

Zwei derart dicht beieinander stehende Kirchen existierten dereinst auch hier, an der Krämerbrücke. Ihre Geschichte führt zurück bis ins Jahr 1325. Damals ersetzten die Erfurter die bisherige Holzbrücke durch eine steinerne. An

Aussicht vom Turm der Ägidienkirche. Die dicht bebaute Krämerbrücke liegt einem zu Füßen.

jedem Brückenkopf entstand eine Kirche mit einer gewölbeartigen Durchfahrt. Die Ägidienkirche begrenzte die Krämerbrücke nach Osten, die Benediktikirche nach Westen.

Rund 200 Jahre später schlossen sich in Folge der Reformation immer mehr Kirchgemeinden in Erfurt zusammen. Entsprechend sank der Bedarf an Gotteshäusern. Sowohl die Benedikti- als auch die Ägidienkirche wurden profaniert. Während letztere im 20. Jahrhundert zurückgekauft und wieder zu ihrem ursprünglichen Zweck genutzt wurde, fiel die Benediktikirche im 19. Jahrhundert

Der östliche Zugang zur Krämerbrücke: Der Weg führt durch ein in die Ägidienkirche integriertes Tor.

dem Abriss zum Opfer. Dieses Schicksal teilte sie mit weiteren Kirchen der Altstadt. So sind die Vitikirche und die Albanikirche, die Gangolfikirche und die Servatiuskirche vollständig aus dem Stadtbild verschwunden. Von fünf anderen Kirchen blieben wenigstens die Türme erhalten.

Mit dem Fall der Benediktikirche veränderte sich der westliche Zugang zur Krämerbrücke erheblich. Er wurde weiter und luftiger. Heute können wir uns noch einen vagen Eindruck vom Damals verschaffen. Ins dunkle Pflaster des angrenzenden Benediktsplatzes wurden helle Streifen eingelassen. Sie markieren den Grundriss der abgerissenen Brückenkopfkirche.

Der westliche Zugang zur Krämerbrücke: Helle Streifen im Pflaster markieren den Grundriss der abgerissenen Benediktikirche.

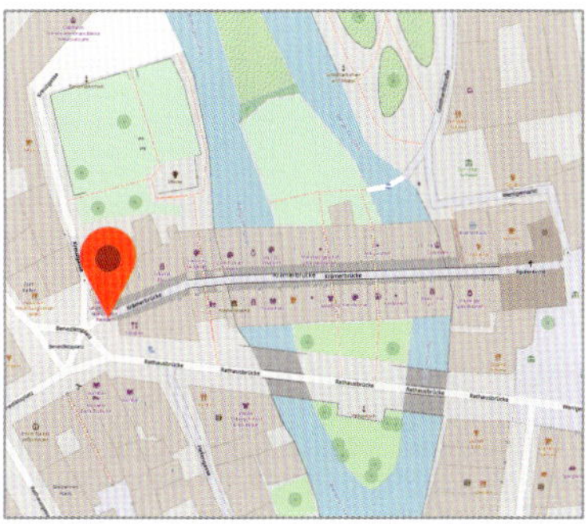

Krämerbrücke
99084 Erfurt

03 | Altstadt
Die Frau im Mond

Wer in den Mond guckt, hat sprichwörtlich das Nachsehen. In Erfurt erfährt die Redewendung auch eine andere Entsprechung. Hier lohnt es sich, genauer hinzusehen. Zum Beispiel auf die Fassade der Dreifaltigkeitskapelle in der Michaelisstraße. Ein Relief zeigt Maria, die nebst Jesuskind auf der Mondsichel steht. Das Motiv wiederholt sich auch andernorts in der Stadt.

Das ist ein kleiner Schritt für einen Menschen, aber ein großer Sprung für die Menschheit! In der Nacht zum 21. Juli 1969 betrat Neil Armstrong als erster Mensch den Mond. Sage und schreibe 76 Stunden hatte der Hinflug von Apollo 11 gedauert. Doch wie lange war eigentlich die Jungfrau Maria zum Mond unterwegs?

Die biblische Offenbarung des Johannes erspart uns derart nebensächliche Details. Kein Wunder, möchte man angesichts der dramatischen Ereignisse meinen, um die es geht. Johannes erzählt vom entscheidenden Kampf zwischen Erzengel Michael und Satan. Im Himmel begann es zu blitzen, zu dröhnen und zu donnern. Ein Drache erschien, „groß und feuerrot, mit sieben Köpfen und zehn Hörnern und mit sieben Diademen auf seinen Köpfen. Sein Schwanz fegte ein Drittel der Sterne vom Himmel und warf sie auf die Erde herab." Vor ihm, dem Drachen, war die Frau auf den Mond geflüchtet. Sie trug die Sonne als Kleid und zwölf Sterne als Krone auf ihrem Haupt. „Sie war schwanger und schrie vor Schmerz in ihren Geburtswehen. (...) Der Drache stand vor der Frau, die gebären sollte. Er wollte ihr Kind verschlingen, sobald es geboren war." Doch Michael und seine Engel erhoben sich und kämpften. Sie warfen den Drachen und dessen Engel auf die Erde hinab.

Die Dreifaltigkeits-kapelle wurde um das Jahr 1500 neben der Michaeliskirche gebaut. Ihr Stifter kniet vor der Mondsichel-madonna.

Direkt hinter dem Mariendom steht Maria mit dem Jesuskind auf dem Mond.

Das Motiv der Mondsichel-Madonna wurde seit dem Mittelalter immer wieder künstlerisch aufgegriffen. Das Relief in der Michaelisstraße zeigt eine weitere Person. Die Kopfbedeckung des Geistlichen ist eindeutig; wir sehen einen Bischof. Es handelt sich um Johannes Bonemilch von Laasphe. Der Weihbischof ist der Stadt vielfach verbunden. Er hat den Guss der Gloriosa in Auftrag gegeben sowie 1507 Luther zum Priester geweiht. Auch die Dreifaltigkeitskapelle ist ihm zu verdanken. Er ließ sie um das Jahr 1500 errichten. Zur Erinnerung wurde er als Stifter auf dem Mondsichel-Relief verewigt.

Die älteste aus Erfurt bekannte Darstellung zeigt Madonna allerdings nicht auf einer Sichel, sondern auf dem Vollmond. Noch dazu hat der Künstler dem Mond ein gutmütiges Gesicht verliehen. Der apokalyptische Kampf, der in seiner Gegenwart tobt, scheint ihn nicht sonderlich zu beeindrucken. Die hölzerne Skulptur datiert auf die Zeit um 1370. Sie stammt aus der aufgegebenen Hospitalkirche. Inzwischen gehört sie zur Sammlung des Angermuseums.

Die Reise zu Erfurts Mondsichel-Madonnen ist damit aber nicht beendet. Auch auf dem Domberg begegnen wir einer solchen Skulptur. Sie steht auf der Rückseite des Doms. Zumindest im Sommer ist von der Mondsichel wenig zu erkennen. Zu Marias Füßen wurden etliche Geranien gepflanzt. Nur die Spitzen der Mondes ragen heraus.

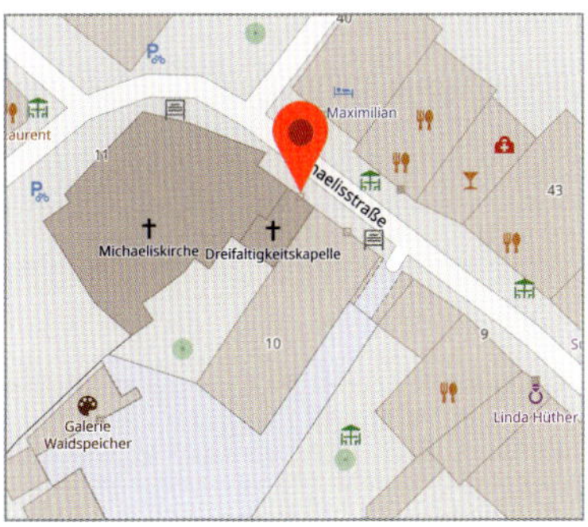

Dreifaltigkeitsskapelle
Michaelisstraße 10/11
99084 Erfurt

04 | Altstadt
Das jungfräuliche Portal

Die sogenannte Judensau von Wittenberg – sie beschäftigt Kirche, Zivilgesellschaft und Justiz seit Jahren. Zwischenzeitlich entschied der Bundesgerichtshof, das Sandsteinrelief müsse nicht entfernt werden. Auch am Erfurter Dom befindet sich eine mittelalterliche Plastik, die, sagen wir es freundlich, wenig schmeichelhaft mit dem Judentum umgeht.

Der Mariendom. Wer ihn besichtigen möchte, steigt üblicherweise die 70 Domstufen empor. Sie führen Einheimische wie Touristen direkt zum Haupteingang, zum Triangelportal. Es ragt als Anbau seitlich aus der eigentlichen Kirche heraus. Um das Jahr 1330 war das gotische Portal nachträglich an die romanische Basilika angefügt worden. Damals wie heute stehen Besucher vor keiner gewöhnlichen Tür, sondern vor einem imposanten Eingangsbauwerk. 33 Meter ragt es empor. Sein Grundriss gleicht einem gleichschenkligen Dreieck.

Das Triangelportal besteht aus zwei klar voneinander getrennten, doppeltürigen Portalen. Beide sind mit zahlreichen Sandsteinfiguren versehen. Zur Altstadt hin weist der eigentliche Haupteingang des Doms, das Apostelportal. An seinen Seiten stehen die zwölf Apostel. In der Mitte der beiden Türflügel empfängt uns Maria mit dem Kind.

Wer darauf verzichtet, um den Portalbau herumzulaufen, dem entgeht das rückwärtige, nicht mehr genutzte Jungfrauenportal. Sein steinernes Bildprogramm erzählt vom Weltgericht. Auf dem Mittelpfeiler erblicken wir Erzengel Michael. Er hat Satan niedergeworfen; seine Lanze steckt in dessen Brust. Eine gänzlich andere Auseinandersetzung verkörpern Ecclesia und Synagoge.

Das dreieckige Eingangsbauwerk des Domes.
Zur Stadt (im Foto links) zeigt das Apostelportal,
zur anderen Seite das Jungfrauenportal.

Hinter Synagoges Rücken
blickt ein Sündenbock hervor.

Die Frauenfiguren befinden sich an den Rändern des Jungfrauenportals. Sie sollen die Überlegenheit der christlichen Kirche gegenüber dem Judentum symbolisieren. Die christliche Ecclesia erscheint als strahlende, junge Frau. Sie trägt eine Krone. Die jüdische Synagoge senkt dagegen ihren Blick. Sie wirkt alt und verhärmt. Hinter ihrem Rücken schaut ein mit Sünde beladener Bock hervor.

Der sprichwörtliche Sündenbock – er geht zurück auf die biblische Überlieferung vom Versöhnungstag des Volkes Israel. An diesem besonderen Tag opfern die Juden zwei Böcke. Der eine wird für den Herrn geschlachtet, der andere lebend zum teuflischen Dämon Asasel geschickt. Über diese Ziege heißt es im dritten Buch Mose: „Aaron soll seine beiden Hände auf den Kopf des lebenden Bockes legen und über ihm alle Schuld der Israeliten und alle ihre Frevel mitsamt all ihrer Sünden bekennen. Nachdem er sie so auf den Kopf des Bockes geladen hat, soll er ihn durch einen bereitstehenden Mann in die Wüste schicken."

Während die Schmäh-Darstellung der Wittenberger Judensau teils große Empörung auslöst, blieb es um die Erfurter Synagoge und Ecclesia ruhig. Ähnliche Plastiken befinden sich auch am Bamberger Dom, am Freiburger Münster, an Notre-Dame in Paris und an der Straßburger Kathedrale. Die Attribute, die dort Synagoge beigesellt wurden, sind teils andere. Mitunter trägt sie eine Augenbinde als Symbol ihrer Blindheit gegenüber dem Christentum. Auch eine zerbrochene Lanze oder eine am Boden liegende Krone sind zu sehen – als Zeichen der Niederlage im Glaubensstreit.

Am Erfurter Mariendom erleben wir Ecclesia und Synagoge im Kontext der namensgebenden Jungfrauen des Portals. Jeweils fünf Plastiken verkörpern törichte und kluge Jungfrauen. Sie zu unterscheiden, fällt leicht. Die Klugen lächeln, sie blicken stolz daher. Ihr Selbstbewusstsein ist zum Greifen nah. Ganz anders die Törichten. Sie geben ein Bild des Jammers ab. Sie reißen ihre Münder auf, die Gesichter sind verzweifelt. Sie fassen sich fragend an den Kopf oder schlagen die Arme hilflos über sich zusammen.

Die zehn Frauen illustrieren ein biblisches Gleichnis vom Jüngsten Tag. Auf dem Ölberg war Jesus von seinen Jüngern gefragt worden: „Sag uns, wann wird das geschehen und was ist das Zeichen für deine Ankunft und das Ende der Welt?" Das Matthäus-Evangelium hält die Antwort des Gottessohnes fest: „Dann wird es mit dem Himmelreich sein wie mit zehn Jungfrauen, die ihre Lampen nahmen und dem Bräutigam entgegengingen. Fünf von ihnen waren töricht und fünf waren klug. Die törichten nahmen ihre Lampen mit, aber kein Öl, die klugen aber nahmen mit ihren Lampen noch Öl in Krügen mit.

Die klugen Jungfrauen gelangen ins Himmelreich.

Als nun der Bräutigam lange nicht kam, wurden sie alle müde und schliefen ein. Mitten in der Nacht aber erscholl der Ruf: Siehe, der Bräutigam! Geht ihm entgegen! Da standen die Jungfrauen alle auf und machten ihre Lampen zurecht." Während die törichten Jungfrauen zum Markt eilten, um sich noch Öl zu besorgen, nahm der Bräutigam die klugen Jungfrauen mit sich. Sie „gingen mit ihm in den Hochzeitssaal und die Tür wurde zugeschlossen. Später kamen auch die anderen Jungfrauen und riefen: Herr, Herr, mach uns auf! Er aber antwortete ihnen und sprach: Amen, ich sage euch: Ich kenne euch nicht. Seid also wachsam! Denn ihr wisst weder den Tag noch die Stunde."

Die klassische Deutung des Gleichnisses erkennt in den klugen Jungfrauen tugendhafte Gläubige, die sich Messias zuwenden und Einlass in sein Reich finden. Das Öl steht für gute Werke, der Schein der Lampen für ihre hellen Seelen. Währenddessen sind die törichten Jungfrauen nicht ausreichend auf diesen besonderen Tag vorbereitet. Sie finden nicht zur Erleuchtung.

Den törichten Jungfrauen ist ihre Verzweiflung anzusehen.

Wenn wir heutzutage vorm Triangelportal stehen, erblicken wir es nahezu in jenem jungfräulichen Zustand, in dem es im 14. Jahrhundert errichtet worden ist. Der Portalbau wurde in den Jahren 2019/21 mit Millionenaufwand restauriert. Unter anderem bauten Steinmetze sämtliche Skulpturen ab und restaurierten sie in Fachwerkstätten.

St. Marien
Domstufen 1
99084 Erfurt

Der Dom ist außerhalb
der Gottesdienste täglich
bis 18 Uhr für Besichtigungen
geöffnet.

05 | Altstadt & Brühlervorstadt
Die Spur der Steine

Erfurt war rund 700 Jahre von kilometerlangen Mauern umgeben. Erst ausgangs des 19. Jahrhunderts entledigte sich die Stadt des sie mittlerweile einengenden Korsetts. Binnen kurzer Zeit verschwand ein Großteil der Befestigungsanlagen aus dem Stadtbild. Wer sich auf Spurensuche begibt, vermag noch immer Teile der Stadtmauer zu entdecken. Manche sind leicht zu entdecken, andere liegen versteckt.

Die Pförtchenbrücke ist eines der Nadelöhre entlang des Erfurter Stadtrings. Stadtauswärts fließt über sie nahezu der komplette Verkehr gen Gothaer Platz. Stoßstange an Stoßstange zuckeln die Autos dahin. Die Aufmerksamkeit der Fahrer gehört ganz dem Verkehr. Eigentlich können es sich nur Fußgänger erlauben, die Brücke im Detail zu bestaunen. Vor allem die vier mit Stadtwappen und gusseisernen Leuchtern versehenen Obelisken ziehen die Blicke auf sich.

Nahezu unbemerkt bleibt eine Inschrift, die auf die Namensgebung der Pförtchenbrücke verweist. Die Schrifttafel wurde seitlich des Fußwegs an einem Brückenpfosten angebracht. Auch der Umstand, dass sie sich knapp über dem Erdboden befindet, trägt nicht dazu bei, Aufmerksamkeit auf sich zu ziehen. Wörtlich heißt es auf der Tafel: „Hier stand bis zum Jahr 1889 der ‚Stumpfe Thurm' genannt das Pförtchen." Jener Wehrturm war Teil der Stadtmauer. In ihm befand sich eine Pforte, der sich stadtauswärts ein hölzerner Steg über den Festungsgraben anschloss.

Die Geschichte der Erfurter Stadtmauer – besser gesagt: der Stadtmauern – ist eine äußerst wechselhafte. Sie erzählt vom Werden ebenso wie vom Vergehen.

Innere Stadtmauer im Kreuzungsbereich von Johannesstraße und Juri-Gagarin-Ring.

Noch bis weit ins 19. Jahrhundert hinein bot Erfurt einen wehrhaften Anblick. Von wo auch immer man sich der Stadt näherte, stieß man auf Befestigungsanlagen. Der älteste bekannte Nachweis für die Existenz einer steinernen Stadtmauer datiert auf 1165. In jenem Jahr hielten Mönche des Petersklosters einen kriegerischen Konflikt in ihren Annalen fest. Landgraf Ludwig II. hatte die Stadt eingenommen sowie deren Mauern schleifen lassen. Historiker haben die Ausmaße dieser Befestigung rekonstruiert. Sie gehen von einer rund 3,5 Kilometer langen Stadtmauer aus. Drei Jahre nach ihrer Zerstörung wurde sie erneut errichtet, nun vermutlich sogar über 4,2 Kilometer.

Während der nächsten Jahrhunderte wuchs das Bedürfnis, sich noch intensiver zu schützen. Zusätzlich zur bereits vorhandenen Stadtmauer errichteten die Bürger bis 1480 ein weiteres Bollwerk – die äußere Stadtmauer. Nicht zuletzt erlaubte diese Maßnahme, dass sich Erfurt erweitern konnte. Zwischen innerer und äußerer Mauer entstanden die Vorstädte. Deren Namen haben sich bis heute als Bezeichnung von inzwischen weit größeren Stadtteilen erhalten: Brühlervorstadt, Löbervorstadt, Krämpfervorstadt, Johannesvorstadt und Andreasvorstadt. Lediglich die Augustvorstadt gibt es dem Namen nach nicht mehr; sie erstreckte sich im Bereich des heutigen Hauptbahnhofs. Aber immerhin wurde eine Straße auf Augustmauer getauft.

Während des 30-jährigen Kriegs (1618–48) wurden Erfurts Stadtmauern noch einmal verstärkt. Um ausreichend Baumaterial zu gewinnen, ließen die schwedischen Besatzer unter anderem die Moritzkirche abreißen. Erst im 19. Jahrhundert zeichnete sich immer mehr ab, dass die altehrwürdigen Mauern dem Wachstum im Wege standen. Sie schützten zwar einerseits die Stadt, doch andererseits legten sie ihr auch Fesseln an. Das änderte sich erst nach der Gründung des Deutschen Kaiserreichs. 1873 hob die Regierung den Status von Erfurt als Festungsstadt offiziell auf. Die Entfestigung konnte beginnen. Binnen 25 Jahren wurden die innere und äußere Stadtmauer nahezu vollständig abgerissen. Die Entwicklung Erfurts zu einer raumgreifenden Großstadt war nun nicht mehr aufzuhalten. Immer mehr Industrie siedelte sich vor den einstigen Stadtmauern an. Die Einwohnerzahl stieg um mehr als 1000 pro Jahr. Anno 1906 ergab eine Volkszählung erstmals mehr als 100.000 Einwohner.

Während kein einziges Stadttor und auch keiner der vielen Wehrtürme die Zeitläufe überdauert hat, blieben zumindest Teile der inneren und der äußeren Stadtmauer erhalten. Sie lassen sich am besten während eines etwa zweistündigen Spaziergangs entdecken. Er beginnt am nördlichen Ende des Juri-Gagarin-

Das Relief des Apostels Johannes schmückte ursprünglich das äußere Johannestor. Nach dessen Abriss wurde die mannshohe Platte in die innere Stadtmauer eingefügt.

Die Inschrift an der Stadtmauer am Rosswehr erinnert an das Hochwasser von 1374.

Rings. Hier stehen in einer Grünanlage imposante Ruinen der inneren Mauer. Besonderer Blickfang ist das Relief des Johannes. Die lebensgroße Darstellung des Apostels befand sich ursprünglich am Johannestor der äußeren Stadtmauer. Um das Relief nach dem Abbruch des Stadttores dauerhaft präsentieren zu können, wurde es in ein Reststück der inneren Mauer eingefügt. Aber auch von der äußeren Mauer blieben Überreste erhalten. Sie befinden sich nur wenige Gehminuten von hier entfernt am Flutgraben. Allerdings sind sie nicht frei zugänglich.

Sowohl der Juri-Gagarin-Ring als auch der Flutgraben helfen uns, den Verlauf der inneren und der äußeren Stadtmauer nachzuvollziehen. Dazu muss man wissen: Vor beiden Mauern befanden sich einst Gräben mit fließendem Wasser. Im Falle der inneren Mauer war dies die Wilde Gera. Sie wurde im Zuge der Entfestigung der Stadt verfüllt. Auf dem Flussbett erwuchs der Vorläufer der heutigen, vierspurigen Straße. Ähnlich verhält es sich beim Flutgraben. Er entstand durch den Umbau jenes Festungsgrabens, der sich entlang der äußeren Stadtmauer erstreckte.

Weiter geht der Spaziergang durch Raum und Zeit. Da, wo sich Juri-Gagarin-Ring und Trommsdorffstraße kreuzen, zweigt wenige Meter versetzt die Reglermauer ab. Die Namensbestandteile der Straße verweisen auf die nahe Reglerkirche sowie auf die hier erhaltenen Reste der inneren Stadtmauer. Wir laufen an ihnen entlang, kreuzen die Bahnhofstraße, und schon stehen wir in der Straße namens Augustmauer. Als in den 1990er Jahren das Einkaufszentrum „F1" gebaut wurde, stießen Arbeiter auf Reste der Stadtbefestigung. Sie ist in Teilen neu aufgemauert worden.

Von hier aus spazieren wir quer durch die Altstadt zum Brühler Garten. Im Eingangsbereich des Parks in der Melanchthonstraße treffen wir auf das Rosswehr und damit auf einen weiteren Überrest der inneren Stadtmauer. Durch das Wehr strömt das Wasser eines Gera-Arms (Walkstrom) in die Innenstadt. An der mehr als mannshohen Mauer erinnert eine auf Latein abgefasste Inschrift an das „magnum dilivium" – an die große Flut. Am 6. Februars 1374 war das Gebiet in Folge plötzlichen Tauwetters weiträumig überschwemmt worden. Das Original der Schrifttafel befindet sich aus konservatorischen Gründen im Stadtmuseum; an der Stadtmauer hängt ein Abguss.

Wir flanieren quer durch den Brühler Garten zu dessen anderer Seite. Das Erfurter Theater dominiert den dortigen Platz. Auf ihm stoßen wir auf eine wiedererrichtete Befestigung. Die Steine gehören zu einer Zwingermauer, die seit dem 14. Jahrhundert die innere Stadtmauer verstärkte. Um diesen Mauerrest dauerhaft sichtbar zu machen, wurde er an seinem ursprünglichen Standort um zwei Meter angehoben.

Nun führt unser stadtgeschichtlicher Spaziergang durch die Brühler Straße gen Westen. An ihrem Ende befand sich das äußere Brühler Tor. Zumindest der Verlauf der Durchfahrt lässt sich noch erahnen. Die etwa einen Meter breiten Fundamente sind über mehrere Meter hinweg restauriert worden. Sie ragen über das heutige Straßenniveau hinaus. Fast könnte man meinen, hier habe jemand Sitzmöglichkeiten aus Naturstein geschaffen. Erhalten blieb außerdem der Portalstein des Tores; er zeigt das historische Stadtwappen. Eine daneben angebrachte Zeichnung lässt die frühere Pracht und Größe der Anlage erahnen.

Nun nähert sich unsere Spurensuche unweigerlich ihrem Ende. Von der Brühler Straße aus nehmen wir noch einmal für einen kurzen Abstecher die Beine in die Hand. Wir laufen durch die Brühlerwallstraße sowie die Straße des Friedens hin zur Pförtchenbrücke. Damit erreichen wir den Ausgangspunkt dieser hier aufgeschriebenen Geschichte.

Die Straßennamen Reglermauer und Augustmauer erinnern an Abschnitte der inneren Stadtmauer. Reste blieben in beiden Straßen erhalten. Die rote Gebäuderückseite gehört zum in den 1920er Jahren gebauten Postscheckamt; die Vorderseite zeigt zum Juri-Gagarin-Ring.

Reste der Zwingermauer nahe dem heutigen Theater.

Der Hinweis auf den einstigen Wehrturm befindet sich etwas versteckt an der Seite der Pförtchenbrücke.

06 | Altstadt
Erfurts ältester Comic

Erfordia turrita. Turmreiches Erfurt. Ihren Beinamen verdankt die Stadt der Vielzahl an Kirchtürmen. Unter ihnen ragt der Nikolaiturm zweifach heraus. Zum einen ist er mit 51 Metern einer der höchsten Türme der Stadt. Zum anderen beherbergt er prächtige Wandbilder aus dem 14. Jahrhundert. Sie erzählen aus dem Leben jener Frau, die bis heute als Thüringens Schutzpatronin verehrt wird.

Der Besuch des Nikolaiturms beginnt, zumindest gedanklich, 50 Kilometer westwärts. Auf der Wartburg malte Moritz von Schwind im 19. Jahrhundert die Elisabeth-Galerie aus. Wie in einem Comic zieht das Leben der Heiligen an den Betrachtern vorbei. Als Vierjährige war die ungarische Königstochter nach Thüringen gekommen. Elisabeth sollte am Hofe des Landgrafen erzogen sowie mit dessen Sohn verheiratet werden. Als junge Frau wurde sie schon bald zum Inbegriff tätiger Nächstenliebe. Geradezu legendär ist das Rosenwunder. Entgegen dem Wunsch ihres Mannes ließ Elisabeth den Armen reichlich Brot in einem Korb zukommen. Der erzürnte Ludwig soll daraufhin seine Frau gezwungen haben, vor ihm den Korb zu öffnen. Doch statt Brot erblickte er Rosen.

Was hat dies alles mit Erfurt zu tun? Mit einer Stadt also, in der sich Elisabeth nur sehr kurz aufgehalten haben soll; und nicht mal dies ist zweifelsfrei belegt. Der Nikolaiturm gibt die Antwort. In ihm wurde anno 1360/61 eine Kapelle eingerichtet. Ein unbekannter Meister schuf Wandbilder, die ebenfalls das Leben der heiligen Elisabeth erzählen. Allerdings sind sie rund 500 Jahre älter als die weltberühmt gewordenen Fresken der Wartburg.

Der Turm ragt als Solitär empor. Die angrenzenden Wohnhäuser entstanden vor wenigen Jahren.

Der Nikolaiturm wurde 1360 erbaut. In dieser Zeit entstand auch die Elisabeth-Kapelle in dessen Erdgeschoss.

Das Patronat über die Nikolaikirche übte zu jener Zeit der Deutsche Orden aus. Der Ritterorden war bereits im 12. Jahrhundert während eines Kreuzzuges entstanden. Seine Ursprünge liegen im Betreiben eines Hospitals während der zweijährigen Belagerung von Akkon (heutiges Israel). Auch in der Folgezeit griffen die Ordensmitglieder nicht nur zu den Waffen, sondern unterhielten weiterhin Spitäler. Bereits dadurch ergaben sich viele Parallelen zum Wirken der Elisabeth. Sie hatte ein Spital in Gotha großzügig unterstützt sowie zwei weitere in Eisenach und Marburg gegründet. Hier, so heißt es, wusch sie Aussätzigen ihre Wunden. Sie verstand ihren selbstlosen Einsatz als Dienst an Christus. Viele Krankenhäuser tragen inzwischen Elisabeths verpflichtenden Namen, sogar eines in Washington.

Doch es gibt weit mehr Anknüpfungspunkte zwischen den Thüringer Landgrafen und dem Deutschen Orden. Bereits vor dem Jahr 1200 knüpften sie enge Kontakte. Schließlich wurde mit Hermann von Salza ein Thüringer zum Hochmeister des Deutschen Ordens. Er führte die Gemeinschaft von 1210 bis 1239. Dieser Zeitraum ist weitgehend deckungsgleich mit den lediglich 24 Lebensjahren der Elisabeth (1207–1231).

Elisabeth trauert um ihren Mann. Ein Großteil dieses Motivs ist nicht erhalten geblieben.

Wer heute vor den Wandbildern im Nikolaiturm steht, erkennt auf den ersten Blick: Sie haben über die Jahrhunderte hinweg ein äußerst wechselvolles Dasein gefristet. Von der einstigen, nahezu vollständigen Ausmalung der Kapelle ist nur ein Viertel erhalten geblieben. Doch auch diese Fragmente lassen die vormalige Pracht erahnen.

Die erste erhalten gebliebene Szene führt uns ein höfisches Paar vor Augen, das im Bett liegt. Beide tragen rote Gewänder. Über dem Kopf des Mannes ist „Lantgreve" zu lesen. Zwei Pagen stehen hinter dem Bett und halten Kerzen. Was aber versinnbildlicht diese Darstellung? Es gibt zwei konkurrierende Deutungen. Die erste: Wir sehen Landgraf Hermann I. mit seiner Frau Sophie. Die Diener überbringen den künftigen Schwiegereltern die Prophezeiung des Magiers Klingsor von Elisabeths Geburt und der späteren Vermählung mit dem Sohn des Thüringer Landgrafen. Die zweite: Wir erblicken Elisabeth mit ihrem Gemahl Ludwig IV. während des Rituals ihrer Verlobung. Tatsächlich gibt es auf der Wartburg eine motivgleiche Darstellung des jungen Paares. Dort umgeben nicht nur Diener mit Kerzen das Bett, sondern auch geistliche Würdenträger.

Das Hochzeitsmahl. Die spätere Heilige sowie ihre Schwiegermutter tragen jeweils eine Krone.

Weit eindeutiger ist es um die Darstellung einer Festgesellschaft bestellt. Drei Frauen und zwei Männer sitzen an einer weiß gedeckten Tafel. Sie feiern die Hochzeit Elisabeths. Die mit einem Schriftzug gekennzeichnete Braut sitzt in der Mitte und trägt eine Krone. Bei den beiden direkt neben ihr sitzenden Personen handelt es sich mit großer Wahrscheinlichkeit um ihren Mann sowie ihre ebenfalls gekrönte Schwiegermutter.

Der Legende zufolge sollen Elisabeth und Ludwig inniglich miteinander verbunden gewesen sein. Dabei stand die Anbahnung ihrer Ehe unter einem gänzlich anderen Stern als dem der Liebe. Elisabeths Geburt fiel in eine Zeit blutiger Machtkämpfe. Europa wurde jahrzehntelang von Fehden und Kriegen zwischen den Adelshäusern erschüttert. Vor allem im Heiligen Römischen Reich schien das Hauen und Stechen kein Ende nehmen zu wollen. Sowohl die Welfen als auch die Staufer beanspruchten die Königs- und die Kaiserwürde. Beständig wurden neue Bündnisse geschmiedet. Immer mal wieder wechselten Vasallen die Seiten. Mittendrin zogen kirchliche Würdenträger die Strippen.

In diesen Zeiten waren Ehen ein bewährtes Mittel, um Bündnisse einzugehen oder zu festigen. So auch bei Elisabeth. Ihr Vater war der ungarische König Andreas II. Ihre Mutter Gertrud stammte aus Deutschland. Deren Bruder war Erzbischof von Bamberg. Sie alle waren mit den Staufern verbündet. Mit einer langfristig angebahnten Ehe sollten nun auch die bisher politisch labilen Thüringer Landgrafen möglichst dauerhaft an die Staufer gebunden werden. Die ungarische Prinzessin war gerade mal vier Jahre alt, da musste sie bereits ihr Elternhaus verlassen. Im Jahre 1211 kam sie an den Thüringer Hof. Hier sollte sie auf die Ehe vorbereitet werden. Man kann dies auch anders ausdrücken: Das Mädchen gelangte als Faustpfand nach Thüringen. Liebe war ganz gewiss nicht im Spiel, zumindest anfangs nicht.

Bei Hofe lernte Elisabeth ihren späteren Mann Ludwig kennen. Er war der Zweitgeborene des Landgrafen. Beide sprachen sich als Bruder und Schwester an. Historiker vermuten, dass eigentlich Ludwigs älterer Bruder als Bräutigam vorgesehen war. Hermann trug den Namen seines Vaters. Er starb bereits 1216, als Elisabeth noch nicht heiratsfähig war. Fünf Jahre später feierten sie und Ludwig ihre Hochzeit.

Elisabeths Mann kam 1227 als Kreuzfahrer um. Wenig später kehrte die Witwe dem Leben auf der Wartburg und damit Thüringen den Rücken. Dazu trug bei, dass bei Hofe heftig gegen sie intrigiert worden ist. So zog Elisabeth ins hessische Marburg, wo sie 1231 starb. Vier Jahre später wurde sie heiliggesprochen. Sie ist bis heute die Schutzpatronin von Thüringen und Hessen.

Zu denen, die die Elisabeth-Kapelle im Nikolaiturm besucht haben, gehört mit großer Wahrscheinlichkeit Martin Luther. Er lebte von 1505 bis 1511 im benachbarten Augustinerkloster. In der Mitte des 18. Jahrhunderts musste die kaum noch genutzte Nikolaikirche wegen Baufälligkeit abgerissen werden. Lediglich ihr Turm blieb stehen. Zwischenzeitlich wurden die Wandmalereien überputzt und der Turm in DDR-Zeiten als Lagerraum genutzt. 2002 begann die Restaurierung der Kapelle.

Besichtigungen sind im Sommerhalbjahr sowie im Rahmen von regelmäßig stattfindenden Führungen möglich. Die Anmeldung erfolgt über das Augustinerkloster.

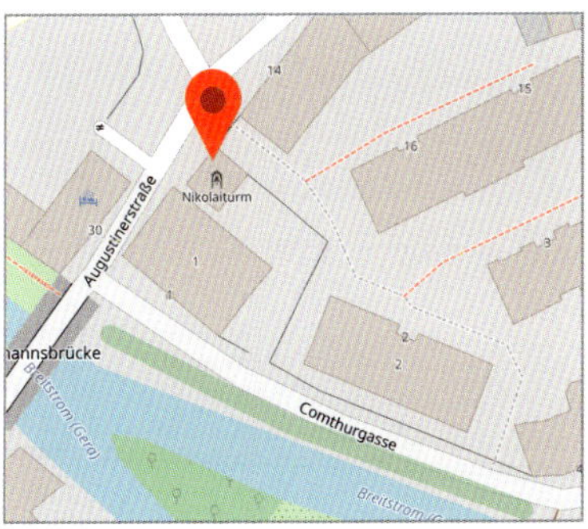

Nikolaiturm
Augustinerstraße 17
99084 Erfurt

07 | ALTSTADT
MACH ES WIE DIE SONNENUHR

An der Peterskirche stellen wir uns einer ebenso einfachen wie anspruchsvollen Aufgabe. Wir schulen unseren Blick. Streift er über die Fassade des Gotteshauses, nehmen wir zunächst nur die typische Schlichtheit der Romanik wahr. Wer bewusster hinschaut, entdeckt an der Süd- und der Ostfassade zarte Linien, die in den Sandstein geritzt wurden. Sie fügen sich zu drei Sonnenuhren und zu einer mittelalterlichen Zeichnung.

Mach es wie die Sonnenuhr, zähl die heit'ren Stunden nur. So besagt es ein deutsches Sprichwort. Es passt sowohl im übertragenen wie im direkten Wortsinn auf die Peterskirche. Viele Erfurter sehnen wieder heitere Stunden für die einstige Kirche St. Peter und Paul herbei. Sie wurde im frühen 12. Jahrhundert errichtet. Das dazugehörige Kloster ist 1802 aufgehoben worden. Elf Jahre später erlitt die Basilika beim Bombardement der von napoleonischen Truppen besetzten Zitadelle Petersberg schwere Schäden. Ein Wiederaufbau kam für die siegreichen Preußen nicht in Frage. Die neuen Landesherren ließen Teile der Kirche abtragen. Ihre Türme wurden bis auf die Stümpfe zurückgebaut. Fortan war Erfurt jener markanten Silhouette beraubt, die dank der exponierten Lage der Peterskirche als Stadtkrone galt.

Bis in die jüngste Vergangenheit scheiterten alle Versuche, der Basilika wieder dauerhaft neues Leben einzuhauchen. Sie wurde zwar für zwei Jahrzehnte als Forum für zeitgenössische Kunst genutzt. Zwischenzeitlich diente das Gotteshaus auch als Ausstellungshalle der Bundesgartenschau. Doch die hehre Ankündigung von Stadt und Landesregierung, in der Kirche sowie in einer angrenzen-

Die älteste sowie halbkreisförmige Sonnenuhr stammt aus dem 12. Jahrhundert.

Der untere Teil dieses kreisrunden Zifferblatts wurde um das Jahr 1818 entfernt.

Die Ritzzeichnung zeigt den von Wunden übersäten Jesus Christus sowie den Stifter des Bildes.

den Kaserne ein Landesmuseum einzurichten, entpuppte sich als leeres Versprechen. Längst zeigen nicht mal mehr alle Sonnenuhren heitere Stunden an. Bei zweien sind jene Stäbe, die die erforderlichen Schatten werfen, abhandengekommen. Die Zeit scheint stehengeblieben zu sein. Die bange Frage lautet: Gilt dies für immer und ewig?

Alle drei Uhren verbindet, dass sie über die Jahrhunderte hinweg zuverlässig die Ortszeit angezeigt haben. Doch ihr Erscheinungsbild unterscheidet sich erheblich. Die älteste Uhr stammt aus dem 12. Jahrhundert, sie ist also ebenso alt wie der Kirchenbau. Ihre in den Stein geritzten Linien lassen sich am besten dann entdecken, wenn wir aus einigen Metern Entfernung auf die Außenmauer am Südportal blicken. Schauen wir dagegen von Nahem die Fassade empor, verschwimmt die an ein Spinnennetz erinnernde Struktur viel zu sehr im Sandstein.

Ganz anders ist es um die zweite Sonnenuhr am Südportal bestellt. Ihre Linien sind erhaben; ein Steinmetz hat sie im 15. Jahrhundert aus der Fassade herausgearbeitet. Sie zeigte dereinst die Zeit zwischen 5 und 16 Uhr an. Leider wurde beim Umbau der Kirche der untere Teil des einst kreisrunden Zifferblattes entfernt. Wer heute vor der Uhr steht, könnte vermuten, sie sei 1587 entstanden. Darauf deutet eine daneben eingeritzte Jahreszahl hin. Dabei handelt es sich aber um eine rund 100 Jahre später hinzugefügte Angabe. Sie verweist auf die 1587 entstandene, dritte Sonnenuhr. Sie wurde an der zur Altstadt weisenden Ostseite der Kirche hauchzart in den Stein gekratzt. Als sogenannte Morgenstunden-Uhr zeigte sie lediglich vormittags die Zeit an. Danach warf ihr Stab keinen Schatten mehr, sondern lag selbst im Schatten.

An der Ecke von der Süd- zur Ostfassade stoßen wir auf eine weitere versteckte Kostbarkeit. Ein unbekannter Künstler ritzte um das Jahr 1360 einen sogenannten Schmerzensmann in den Sandstein. Die großflächige Zeichnung stellt den gekreuzigten Jesus Christus mit all seinen Wundmalen vor. Er trägt die Dornenkrone und hält Geißeln in den Händen. Nägel haben seine Gliedmaßen durchbohrt. Unterhalb seiner rechten Brust klafft die Wunde vom Stoß mit der Lanze. Zu Füßen Jesu kniet ein Mönch. Es handelt sich um den Stifter des Kunstwerks. Er hat seine Hände erhoben und zum Gebet gefaltet.

Jesus Christus ist der christlichen Überlieferung zufolge auferstanden. Mit den Mitteln der Vernunft ist das zwar nicht zu fassen. Dennoch stiftet seine Auferweckung vielerlei Hoffnung. Vielleicht gilt dies ja auch für die Zukunft jener Kirche, die den Namen zweier Apostel trägt, und die wir gemeinhin doch nur Peterskirche nennen. Mach es wie die Sonnenuhr …

Am Südportal befinden sich zwei der drei Sonnenuhren der Peterskirche.

Weitere Sonnenuhren
befinden sich an der Predigerkirche, am Georgskirchturm, am Mariendom, an der Martinikirche, an der Hospitalkirche und an der Augustinerkirche. Außerdem gehört zur Sammlung der städtischen Museen eine Horizontaluhr, die zuvor an der Martinikirche stand.

Peterskirche
Petersberg 14
99084 Erfurt

08 | ALTSTADT
KIRCHEN MIT GELDSCHLITZ

Wenn die Münze im Kasten klingt, die Seele aus dem Feuer springt! Mit solchen Versprechungen soll Johann Tetzel vor rund 500 Jahren das Geschäft mit dem Fegefeuer angeheizt haben. Tatsächlich brachte er Abertausende dazu, Ablassbriefe zu kaufen. Den Erlös sammelte der Mönch in einer Truhe, im Tetzelkasten. An Erfurts mittelalterlichen Kirchen lassen sich noch immer Vorläufer dieser mobilen Kassette bestaunen – in Gestalt von Spendennischen nebst Schlitz für den Geldeinwurf.

Martin Luther ist der Held der Reformation, Johann Tetzel der Bösewicht. Auf diese Kurzformel kann man das Verhältnis beider Mönche bringen. Luthers Vita ist eng mit Erfurt verknüpft. Hier lebte er während zehn Jahren. Hier studierte er, hier trat er ins Augustinerkloster ein, hier wurde er zum Priester geweiht. Von Erfurt aus brach Luther auf, die Kirche zu reformieren. Ganz anders ist es um Tetzel bestellt. Der Dominikaner stand im Dienst des Mainzer Erzbischofs Albrecht von Brandenburg. Unter dessen Obhut wurde er zum maßgeblichen Ablassprediger in Mitteldeutschland. Die von Tetzel vereinnahmten Summen flossen sowohl an den Erzbischof als auch an den Papst. Sie finanzierten unter anderem den Bau des Petersdoms. Tetzels unlautere Versprechen nahm Luther anno 1517 zum Anlass für seinen Thesenanschlag in Wittenberg.

Das stete Verlangen der Kirche nach Geld hatte freilich bereits vor Tetzel zum Lebensalltag gehört. An Erfurts mittelalterlichen Gotteshäusern blieben zahlreiche Spendennischen erhalten. Sie zu entdecken, bedarf es eines etwas intensiveren Blicks auf die Fassaden. Etwa an der Augustinerkirche, in der Luther sein

Pieta mit Spendenschlitz an der Allerheiligenkirche.

Spendennische ...
... an St. Severi.

... an der Augustinerkirche.

... an der Peterskirche.

Mönchsgelübde abgelegt hatte. An deren Nordseite befindet sich eine kleine, fast schmucklose Nische. Der in sie eingelassene Geldschlitz wurde zwar geschlossen, ist aber noch immer erkennbar. Die eingeworfenen Münzen kullerten einst in eine kleine Kammer im Kircheninneren.

Bemerkenswert an diesem und weiteren Beispielen ist, dass sich im unmittelbaren Umfeld der Nische ein Friedhof befand. Die Vermutung liegt nahe, dass die Gaben nicht nur zum Erhalt der Kirchengebäude gedacht waren. Gut möglich, dass sie auch das Verweilen der Toten im Fegefeuer abkürzen sollten. Genau an dieser Stelle setzten Ablasshändler wie Johann Tetzel an. Wer wollte, konnte verstorbene Angehörige von der Bestrafung der Sünden freikaufen.

Doch was ist das Fegefeuer überhaupt? Wer in ihm schmort, weilt nicht in der Hölle. Das Fegefeuer ist vielmehr eine Phase, die jede Seele vor ihrem Einzug ins Himmelreich durchleben muss. In ihm werden sie geläutert. Hier tun sie Buße für jene Sünden, welche die Menschen auf sich geladen haben. Nach altkirchlichem Verständnis ist kein Mensch frei von Sünde. Bereits vom Moment seiner Geburt an ist (fast) jeder mit der Erbsünde – dem Sündenfall von Adam und Eva – beladen. Lediglich Maria blieb davor bewahrt.

Die protestantische Kirche hat die Lehre vom Fegefeuer verworfen, für Orthodoxe war sie ohnehin nicht maßgeblich. In der katholischen Kirche spielen Fegefeuer und Ablass weiterhin eine Rolle. Heutzutage steht der Begriff des Fegefeuers allerdings nicht für einen Ort, sondern vielmehr für den Prozess der Läuterung. Auch Ablässe werden noch erteilt – jedoch nicht nach dem Zahlen von Geld, sondern nach dem Ableisten von Werken der Barmherzigkeit und Frömmigkeit.

Spendennischen befinden sich am Dom, an St. Severi, an der Peterskirche, an der Allerheiligenkirche, an der Augustinerkirche, an der Michaeliskirche, im Ursulinenkloster und an der Andreaskirche.

09 | Altstadt
Das macht nach Adam Ries …

Was tun, wenn man kein Genie im Kopfrechnen ist, wenn kein Taschenrechner zur Hand ist und wenn unsere zehn Finger nicht zum Abzählen ausreichen? Wie lassen sich zum Beispiel 645 und 873 schnell und einfach addieren? Das Ergebnis lautet 1518. Nehmen wir an, dieser Wert ist eine Jahreszahl, dann kommen wir auch der grundsätzlichen Lösung des Problems näher. Sie führt uns mehr als 500 Jahre zurück sowie direkt in die Michaelisstraße. Hier animiert uns ein außergewöhnliches Denkmal zum Rechnen.

Die Michaelisstraße gilt Einheimischen und Gästen als Erfurts Kneipenmeile. Ein Gasthaus reiht sich ans andere – vom Eiscafe übers Traditionslokal bis hin zur allerlei Bars. Gleich eingangs befindet sich das Haus zum Schwarzen Horn. Hier steht Torsten Spuhn hinterm Tresen. Mit seinen Cocktails hat es der Barmixer bereits zu weltmeisterlichen Ehren gebracht. Draußen, an der Fassade, hängt einladend eine Büste. Natürlich ist es nicht der Champion, der sich hier selbst zur Schau stellt. Wir blicken vielmehr einem Mann ins Auge, der sich von diesem Haus aus anschickte, den Deutschen das Rechnen beizubringen. Gestatten, Adam Ries.

Es ist nicht allein die Büste, die an den legendären Rechenmeister erinnert. Das Denkmal ist vielmehr dreigeteilt. Vorm Haus wurde ein Rechenbrett aus Bronze in den Boden eingelassen. Wer aufmerksam hinschaut, entdeckt die zarten Linien eines solchen Bretts auch im Straßenpflaster. Sie heben sich dunkel vom übrigen Gestein ab.

Das Rechenbrett steht stellvertretend für Ries' Buch „Rechnung auff der linihen" – also mit einem Rechenbrett. Im Haus zum Schwarzen Horn war im

Adam Ries sowie ein Rechenbrett halten die Erinnerung wach an die Frühzeit des modernen Mathematik-Unterrichts.

Jahre 1518 eine Werkstatt ansässig. Hier hatte der Rechenmeister sein Werk drucken lassen. 1522 folgte die zweite Auflage. In ihr ergänzte Ries sein Buch um das „Rechnen mit Federn". Gemeint ist das schriftliche Rechnen beim Addieren, Subtrahieren, Multiplizieren und Dividieren. Ries setzte dabei konsequent auf die Verwendung arabischer Ziffern. Damit legte er von Erfurt aus den Grundstein dafür, dass in Deutschland fortan immer seltener mit den schwieriger zu handhabenden römischen Zahlen gerechnet wurde.

Unser eingangs erwähntes Beispiel führt dies überdeutlich vor Augen. In römischer Schreibweise müsste es heißen: DCXLV + DCCCLXXIII = MDXVIII. Oder aber so: 645 + 873 = 1518.

Die beiden in Erfurt gedruckten Rechenbücher gelten als Geburtsurkunde des Mathematik-Unterrichts. Laut dem Vorwort der zweiten Auflage waren sie insbesondere für Kinder bestimmt.

Adam Ries war kein gebürtiger Thüringer. Er stammte aus Staffelstein (Bayern). 1518 zog er in die Universitätsstadt Erfurt. Hier leitete er eine Rechenschule. Bereits nach vier Jahren verließ Ries die Stadt wieder. Fortan wirkte er in Annaberg (Erzgebirge).

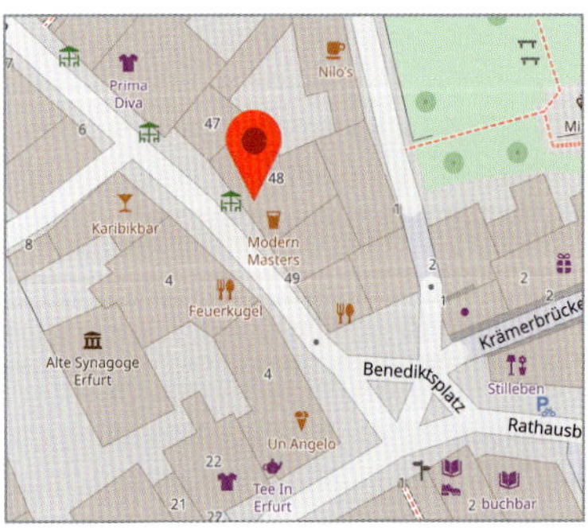

Haus zum Schwarzen Horn
Michaelisstraße 48
99084 Erfurt

10 | Altstadt
Das älteste Lutherdenkmal weltweit

Wer die Andreaskirche besucht, steht unverhofft vor Luthers Grabdenkmal. Wie kann das sein? Wurde der Reformator also doch nicht in der Wittenberger Schlosskirche bestattet? Ja, aber …

Erst überlebte er nahe Erfurt einen sagenhaften Blitzschlag und gelobte daraufhin, Mönch zu werden. Dann warf er mit einem Tintenfass nach dem Teufel. Schließlich kündigte er für den Fall des drohenden Weltuntergangs an, ein Apfelbäumchen pflanzen zu wollen. Ob im Leben oder im Tod – um Martin Luther kreisen schon immer teils abenteuerlich anmutende Legenden. Dazu gehört eine Geschichte, die wir heutzutage als Fake News bezeichnen würden. Und diese von seinen Gegnern verbreitete Nachricht geht so: Der Reformator starb nicht wie ein wahrer Christ, er wurde vielmehr von Satan geholt.

Luthers Weggefährten erachteten dieses Gerücht durchaus als gefährlich. Auch deshalb hielten sie sein Ableben sehr detailliert in Augenzeugenberichten fest. Zeichnungen des Verstorbenen entstanden, seine Hände wurden abgeformt. Schließlich entschied Kurfürst Johann Friedrich, dass in der Wittenberger Schlosskirche ein monumentales Grabmal zu errichten sei. Es sollte sich in Größe und Ausstattung erheblich von den Epitaphen anderer Wittenberger Professoren unterscheiden. Damit wollte der Fürst nicht allein die besondere Bedeutung Luthers herausstellen. Zudem nahm die geplante, das Grabmal umlaufende Schrift indirekt Bezug auf die Gerüchte. Der Text bezeugt, dass Luther bis zum letzten Atemzug gottesfürchtig war. Noch im Augenblick des Todes habe er die Richtigkeit und Notwendigkeit seiner Lehre bezeugt. Dem geplanten Grabmal wuchs also zugleich religionspolitische Bedeutung zu.

Das Holzmodell von Luthers Grabrelief ist überlebensgroß.

Den Auftrag, eine aufrecht aufzustellende Grabplatte aus Bronze herzustellen, erhielt der Erfurter Glockengießer Heinrich Ciegeler. Zunächst entstand ein 1:1-Modell aus Lindenholz. Der Name ihres Schnitzers ist nicht überliefert. Die von ihm gefertigte Platte blieb indes erhalten. Sie hängt neben dem Altar der Andreaskirche an der Wand. Die Holzplatte ist inklusive Rahmen und Beiwerk beachtliche 2,23 Meter hoch sowie 1,11 Meter breit. Das Relief zeigt ein lebensgroßes Abbild des Reformators. Offenkundig nahm der Schnitzer ein Porträt aus den Händen Lucas Cranachs als Vorbild. Luther trägt den schwarzen Überrock eines Professors. Mit beiden Händen hält er eine Bibel. Neben seinem Kopf befindet sich mit der Lutherrose sein Wappen. Die goldfarbene Aufschrift zu verstehen, fällt heutigen Besuchern allerdings nicht gerade leicht. Der Text ist auf Latein verfasst.

Zur Aufstellung des 1548 von Ciegeler gegossenen Reliefs in Wittenberg sollte es nicht mehr kommen. Bereits im Vorjahr hatte das protestantische Heer den Schmalkaldischen Krieg gegen die Truppen des katholischen Kaisers verloren. Der gefangen genommene Kurfürst Johann Friedrich wurde zum Tode verurteilt, zugleich aber vom Kaiser zu Haft begnadigt. Sowohl die Kurwürde als auch weite Teile seines Herrschaftsgebiets fielen an den ebenfalls evangelischen, gleichwohl kaisertreuen Herzog Moritz von Sachsen. Auch Wittenberg ging verloren. Weimar wurde notgedrungen zur neuen Residenz der sogenannten Ernestiner.

Zwar ordnete Johann Friedrich aus der Haft heraus an, dass die Bronzeplatte dennoch in Wittenberg aufgestellt werden soll. Doch seine Söhne konnten diesen Wunsch nicht umsetzen. Sie holten das bronzene Epitaph lediglich nach Weimar. Hier wurde es auch nicht sonderlich präsentiert. Erst 1571 sorgte der inzwischen regierende Herzog Johann Wilhelm für vollendete Tatsachen. Er vermachte die Platte der Jenaer Kollegienkirche; aufgestellt wurde sie aber in der dortigen Michaeliskirche. Jena war seit kurzem Universitätsstadt; sie galt den Regenten als ihr neues geistiges Zentrum. Deshalb ließ Johann Wilhelm die Aufstellung wie einen Staatsakt zelebrieren.

In Wittenberg ist das tatsächliche Grab Luthers bereits 1550 mit einer Bronzeplatte bedeckt worden. Sie wurde lediglich mit Namen und Lebensdaten versehen und wirkt gegenüber der in Erfurt gegossenen Tafel sehr schlicht.

Wie aber gelangte das Holzmodell der Grabplatte in die Erfurter Andreaskirche? Der Überlieferung zufolge befand sich die Tafel noch 1726 im Besitz einer Familie namens Hornung. Nach dem Tod seiner Eltern soll der Sohn vom lutherischen Glauben abgefallen sein. Angeblich wollte er die Platte daraufhin verbrennen. Doch da hatte er die Rechnung ohne seine Haushälterin gemacht. Selbige Katharina Regina Biereige erbat sich die Tafel als Geschenk. Anlässlich des Pfingstfestes von 1727 vermachte sie das Modell der Andreaskirche. Im gleichen Jahr wurde der hölzerne Luther restauriert und erhielt seine noch immer zu erlebende farbliche Gestaltung.

Der Andreasgemeinde darf seither einen Superlativ ihr eigen nennen. Die prächtige Tafel aus Lindenholz ist das älteste bekannte Lutherdenkmal weltweit.

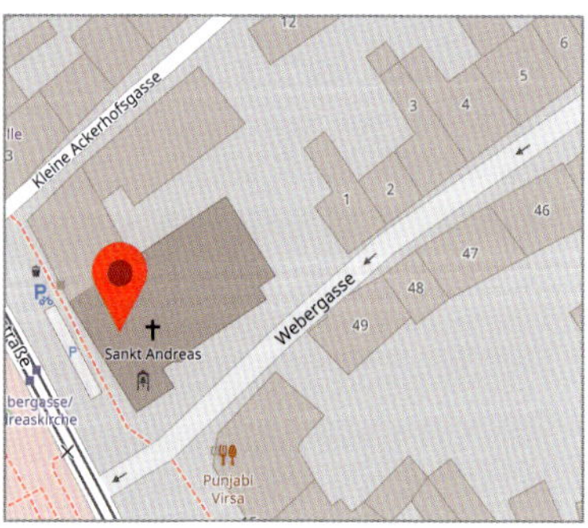

Andreaskirche
Webergasse 48
99084 Erfurt

11 | Altstadt
Eine Bilderbuch-Fassade und was sich hinter ihr verbirgt

Das Haus zum Breiten Herd gilt als Erfurts prächtigstes Bürgerhaus. Die Renaissance-Fassade bordet über an Schmuckelementen. Wer sich Zeit nimmt, innezuhalten und intensive zweite Blicke zu riskieren, wird reich an Eindrücken belohnt. Damit ist's der Entdeckungsreise aber noch lange nicht genug. Im Hof setzt sich das Ensemble auf eine überraschende Weise fort. Dort steht ein weithin unbekanntes Barockschlösschen.

Alteingesessene Erfurter verbinden mit dem Haus zum Breiten Herd ein Suchspiel. Wo, bitteschön, ist auf der Fassade eine Ansicht der Stadt versteckt? Und schon beginnen die Augen suchend über das Haus zu gleiten. Sie bleiben an fünf farbigen Reliefs hängen, die sich als Fries oberhalb des Erdgeschosses erstrecken. In jedem Hintergrund ist die Silhouette einer turmreichen Stadt zu sehen. Im Vordergrund sitzt jeweils eine Frau, der der Künstler ein oder zwei Tiere zugesellt hat. Dazu gehören ein Adler, ein Hirsch mit goldenem Geweih, ein Hund, ein Affe und eine Schildkröte. Jedes Bild symbolisiert einen menschlichen Sinn, also das Sehen, Hören, Riechen, Schmecken und Tasten.

Doch welche der fünf Grazien posiert denn nun vor einer Stadtansicht von Erfurt? Natürlich, so heißt es, komme dafür einzig und allein das mittlere Motiv in Frage. Auf ihm schnuppert die Frau an einem Blumenstrauß. Das sei ein Hinweis auf die Blumenstadt Erfurt. Ja, aber … Mal ganz abgesehen davon, dass Erfurt erst zwei Jahrhunderte später zu einer weithin bekannten Stadt des Gartenbaus wurde, gibt es keinen zeitgenössischen Beleg dafür, dass der unbekannte Künstler konkrete Städte abgebildet hat. Die Ansichten sind derart stilisiert, dass viele

Das Haus zum Breiten Herd (links) entstand im späten 16. Jahrhundert, das ihm ähnelnde Gildehaus rund 300 Jahre später.

Orte in Frage kommen. Anders gesagt: Gut möglich, dass wir auf jedem der fünf Reliefs die Stadt Erfurt erblicken – oder vielleicht auch auf keinem einzigen.

Das Haus zum Breiten Herd wurde 1584 im Auftrag des Ratsmeisters Heinrich von Denstedt errichtet. Er war als Händler der Färberpflanze Waid – dem Grundstoff für blaue Farbe – zu Wohlstand gekommen. Während sie die Fassade einerseits streng symmetrisch gliederten, geizten die Baumeister andererseits weder mit goldener Farbe noch mit ornamentalem Schmuck. Jedes Geschoss gestalteten sie anders. Während im ersten Obergeschoss sechs halbnackte Frauen und Männer die Fassade stützen, blicken aus dem zweiten Obergeschoss fünf Köpfe auf den Fischmarkt herab. Es handelt sich um sogenannte Gaffköpfe. Sehen und

Das Barockschlösschen diente einst als Sommerhaus. Ursprünglich war es weiß-rosa gestrichen.

gesehen werden, das war offensichtlich schon im 16. Jahrhundert ein beliebtes Thema. Schließlich die oberen Etagen. Wir entdecken Löwen und Greife sowie zwei trompetende Engel. Hoch droben, über allen anderen, steht ein vollbärtiger Landsknecht.

Die Entdeckungsreise darf freilich weitergehen. Ausgangs des 19. Jahrhunderts entstand gleich nebenan ein weiteres, prächtig anzuschauendes Gebäude im Stil der Neorenaissance. Das Gildehaus greift die Architektur des Hauses zum Breiten Herd beinahe spiegelbildlich auf. Im Unterschied zum farbenfrohen Vorbild blieb dessen Fassade aber weitgehend monochrom. Dennoch wirken beide Häuser wie aus einem Guss, wozu gewiss auch die Nutzung beiträgt. Im Parterre gehen die Innenräume der Gebäude fließend ineinander über. In den hier ansässigen Restaurants speisen die Erfurter und ihre Gäste seit ewigen Zeiten. Be-

Die Fassade des Breiten Herds ist übersät mit Schmuckelementen.

rühmtester Besucher war 1988 der privat in der DDR weilende Bundeskanzler Helmut Kohl. Er bestellte sich ein Bier, aber keine Speisen.

Wer heutzutage den hofseitigen Biergarten besucht und dort nicht nur ins Glas schaut, bemerkt ein drittes, zum Ensemble gehörendes Gebäude. In den Jahren 1726/27 ließen sich hier die Besitzer des Hauses zum Breiten Herd ein barockes Sommerpalais errichten. Das zweigeschossige Schlösschen ist selbst vielen Einheimischen unbekannt. Das muss freilich kaum wundern: Normalerweise sind die Innenräume nicht frei zugänglich. Es gab freilich auch andere Zeiten. So wurde das Palais in der Mitte des 19. Jahrhunderts als Tanzhaus genutzt. Der Legende zufolge setzte der Betreiber namens Perini seine Ober auf Ponys und ließ sie so bedienen. Daraufhin kursierte in Erfurt der Satz: „Wer will leben und Leben seh'n, der muss sonntags zu Perini geh'n." Damit war's jedoch schon bald vorbei. Eisenwarenhändler nutzten das Anwesen fortan als Lager. Mittlerweile befinden sich im Schlösschen sowohl Büro- als auch Lagerräume sowie ein kleiner Saal.

Heutiger Besitzer des Ensembles – also von Haus zum Breiten Herd, Gildehaus und Barockschlösschen – ist die Handwerkskammer Erfurt. Sie möchte das Palais in den kommenden Jahren restaurieren und zumindest temporär wieder öffnen. Gut möglich, dass das derzeit sandfarbene Schlösschen dann wieder in seinen originalen Farben erstrahlt. Denkmalpfleger haben herausgefunden, dass die Außenwände ursprünglich weiß gestrichen waren. Rosa Gebäudekanten bildeten einen dem Auge schmeichelnden Kontrast.

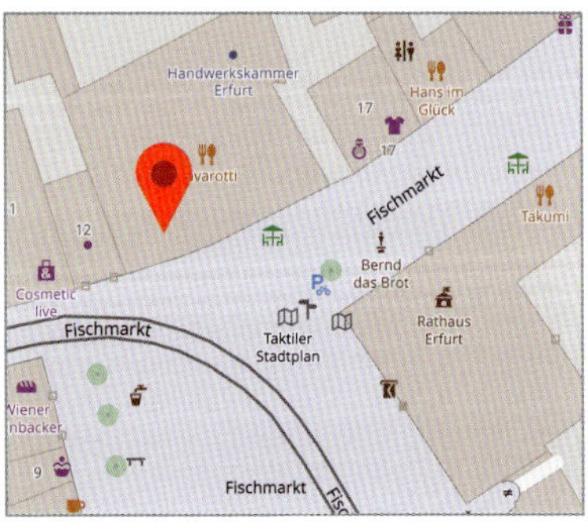

Haus zum Breiten Herd
Gildehaus
Sommerpalais
Fischmarkt 13-16
99084 Erfurt

12 | Altstadt
Biblischer Übersetzungsfehler

Ob Hirsch oder Bär, ob Ochse oder Esel, ob Hecht oder Löwe – Tiere sind Namenspate etlicher Häuser in Erfurt. Das meistbesuchte dieser Gebäude ist das „Goldne Einhorn" am Domplatz. Bis zu 1000 Menschen strömen täglich in den Hauptsitz der Stadt- und Regionalbibliothek. Der Name eines Fabelwesens passt perfekt zu einer solchen Kultureinrichtung. Doch was hat es mit diesem Einhorn eigentlich auf sich?

„Zu dem gulden Einhorn anno dni 1536" – so verkündet es der Hausstein am Domplatz 1. Das Relief zeigt ein ursprünglich goldfarbenes, mittlerweile aber verblasstes Einhorn. Das sagenhafte Tier ruht im Schoß der Jungfrau Maria. Dennoch vermag der Anblick sogleich zu irritieren. Der Stein ist zwar rund 500 Jahre alt, doch er befindet sich an der Fassade eines weit jüngeren Jugendstil-Gebäudes.

Die naheliegende Erklärung dieses Widerspruchs lautet: Das Hauszeichen stammt vom Vorgängerbau. Das stimmt, aber es stimmt gewissermaßen auch nicht. Das historisch verbürgte „Zu dem gulden Einhorn" befand sich rund 100 Meter entfernt am Fuße des Petersberges. Es gehört zu jenen Häusern am Domplatz, die während der Belagerung der Stadt im Winter 1813/14 zerstört wurden. Alles begann mit der Kanonade durch die Preußen am 6. November 1813. Eigentlich galt sie der Zitadelle auf dem Petersberg. Hier hatten sich die französischen Besatzer verschanzt. Doch viele Schüsse verfehlten ihr Ziel und trafen den dicht bebauten Domplatz. Allein an diesem Tag fielen 121 Häuser. Weitere ließen die Franzosen niederreißen, um ihrerseits die Stadt besser im Blick behalten zu können.

Nach dem Abzug der napoleonischen Truppen im Frühjahr 1814 wurde der Wiederaufbau des Stadtviertels verworfen. Zu den wenigen bis heute erhalten gebliebenen Zeitzeugnissen gehört der Hausstein mit dem Einhorn. Das ansehnliche Relief wurde in die Fassade des Eckhauses von Domplatz und Pergamentergasse eingefügt. In dem Gebäude befand sich zunächst ein Kaffeehaus, später das „Restaurant zum goldenen Einhorn". 1907 ließ der Besitzer das Haus abreißen; der Neubau erfolgte 1908. Seither schmückt der Hausstein das mittlerweile dritte Bauwerk. Um es besonders hervorzuheben, schuf der Bildhauer Max Deutschmann ein Relief mit allegorischen Figuren. Sie umfassen die Einhorn-Darstellung wie einen Rahmen.

Das Einhorn, also. Es beflügelt die Fantasie der Menschen seit Jahrtausenden. Schon im alten China galt es als vollkommenes Wesen. Nur Jungfrauen waren angeblich in der Lage, das heilige Tier lebendig zu fangen. Seinem Horn wurde besondere Heilkraft zugemessen. Auch die antiken Griechen sowie die Römer trugen zur Verbreitung des Mythos bei. Der Imperator Julius Cäsar berichtete von Einhörnern, die in den Wäldern Germaniens leben. Kein Wunder, möchte man meinen, dass das Einhorn auch in die Heiligen Schriften des Judentums und damit in die Bibel einzog. Im Alten Testament ist von einem unzähmbaren sowie gehörnten Tier die Rede, das auf Hebräisch „re'em" heißt. In der Septuaginta – dem ins Griechische übersetzten Alten Testament – wurde daraus ein „monokeros". In der lateinischen Fassung (Vulgata) ist von „unicornus" die Rede. Martin Luther übersetzte folgerichtig ins Deutsche: Einhorn.

Zwar war ihm bis dahin kein fleischgewordenes Fabelwesen begegnet, doch immerhin kannte er Darstellungen des Tieres. Unter anderem dürfte Luther den aus dem 15. Jahrhundert stammenden Einhorn-Altar im Erfurter Dom gesehen haben. Der Reformator war hier 1507 zum Priester geweiht worden. Das Altargemälde lässt uns in den „hortus conclusus" blicken, in einen paradiesisch anmutenden Garten. Erzengel Gabriel bläst ins Horn. Hunde hetzen das goldene Einhorn. Es springt in den Schoß der Jungfrau Maria und ist gerettet. Währenddessen schaut Gottvater vom oberen Bildrand huldvoll zu; er lässt das Jesuskind herabschweben.

Das Gemälde bordet über an vielschichtigen Bezügen und Symbolen. Die Jagdszene zu entschlüsseln, fällt selbst Christen mitunter nicht leicht. Insofern macht es uns das Hauszeichen am Domplatz 1 leicht. Es zeigt uns einzig und allein die zentrale Aussage der biblischen Geschichte: Das Einhorn findet zu Maria. Gut möglich, dass der Altar im Dom das Vorbild für das Erfurter Hauszeichen abgegeben hat.

Das Haus „Goldnes Einhorn" steht am Rande des Domplatzes. Es wurde 1908 gebaut.

Detail des Einhorn-Altars im Erfurter Dom. War er das Vorbild des Hauszeichens?

Das Hauszeichen zeigt die Schlüsselszene einer biblischen Jagd. Das Einhorn flüchtet in den Schoß der Jungfrau Maria. Sie umfasst das Tier liebevoll.

Apropos Luther: Am Vorabend seines Todes flößte ihm der ans Sterbebett geeilte Graf Albrecht von Mansfeld frisch geriebenes Pulver vom Stoßzahn eines Narwals ein. Alle glaubten, das Horn stamme von einem Einhorn. Ein solches Pulver galt als Wundermedizin; selbst gegen die Pest sollte es helfen. Wenige Stunden nach Verabreichung des Mittels schlief der Reformator für immer ein.

Das biblische Einhorn überlebte ihn um Jahrhunderte. Noch die kirchenamtliche Revision der Lutherbibel von 1912 erzählte von ihm als einem Wunder der Tierwelt. Die Lutherbibel von 2017 korrigierte zahlreiche Übersetzungs- bzw. Deutungsfehler. Aus dem Fabelwesen wurde ein Wildstier. Hörner hat auch dieses Tier, wenngleich zwei statt einem.

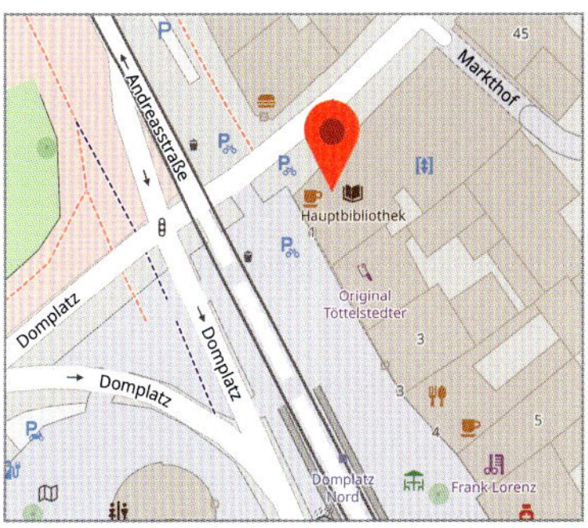

Haus „Goldnes Einhorn"
Domplatz 1
99084 Erfurt

13 | Altstadt & Andreasvorstadt
Hat der Mohr seine Schuldigkeit getan?

Heimlich, still und leise - so entfernte die Erfurter Stadtverwaltung im April 2023 die Straßenschilder der Mohrengasse. Sie beugte sich jedoch nur vermeintlich dem Druck von Aktivisten, die die Straßenbezeichnung als rassistisch skandalisiert hatten. Eine tatsächliche Umbenennung fand nicht statt. Auch vier weitere Straßen, eine Schule und eine Apotheke sowie drei Häuser tragen den Mohren im Namen. Wie ist es eigentlich um den geschichtlichen Kontext bestellt?

Erfurt und seine Gassen. Viele Einheimische haben vor allem solche malerischen Sträßchen vor Augen wie die Kirchgasse und die Comthurgasse, wie die Waagegasse und die Glockengasse. Dagegen mutet die Mohrengasse durchaus seltsam, wenn nicht gar hässlich an. An ihrer engsten Stelle ist sie gerade mal 137 Zentimeter breit. Links und rechts ragen durch Graffiti verunstaltete Hausmauern empor. Niemand wohnt in dieser fensterlosen, schmucklosen Schlucht. Entsprechend gibt es auch keine Hausnummern. Wer die Gasse durchläuft, hat es meist eilig. Sie kürzt den Fußweg zwischen Johannesstraße und Juri-Gagarin-Ring ab. Eigentlich könnte es den Erfurtern egal sein, ob dieser Durchgang überhaupt einen Namen trägt. Ach ja?

Nein. Ganz so einfach ist es dann doch nicht um die Mohrengasse bestellt. Sie verdankt ihren Namen einem Fachwerkgebäude. Das anno 1607 erbaute Haus zum Mohrenkopf steht an der Ecke zur Johannesstraße. Es gehört zu jenen Renaissancebauten, die Erfurts Altstadt bis heute ihr unverwechselbares Flair verleihen. Zwar prangt an seiner Fassade kein Mohrenkopf. Dennoch stellt sich

Neben dem Haus zum Mohrenkopf zweigt die Mohrengasse ab.

Das Haus zum Mohrenkopf

die Frage, welche Intentionen die Hausherren verfolgten. Gaben sie ihrem Anwesen einen solchen Namen, um dunkelhäutige Menschen zu verhöhnen? Oder erfolgte die Namensgebung als ein Zeichen der Wertschätzung und des Respekts?

Die Bezeichnung „Mohr" stammt aus dem Mittelalter. Ursprünglich wurde der Begriff ohne negative Konnotation verwendet. Er beschrieb die ethnische Herkunft bzw. das Erscheinungsbild von Menschen. Für die Verwendung in Haus- und Straßennamen gibt es zwei Herleitungen. Die eine verweist auf den heiligen Mauritius, die andere auf maurische Heilkünstler.

Der dunkelhäutige Mauritius stammte aus dem ägyptischen Theben. Ausgangs des 3. Jahrhunderts befehligte er eine römische Legion. Der Legende zufolge weigerten sich Mauritius und seine Legionäre, während eines Feldzugs

Sowohl die Wohnanlage Moritzhof als auch die Moritzstraße tragen den Namen des heiligen Mauritius.

ihren christlichen Glauben aufzugeben und den römischen Göttern zu opfern. Kaiser Maximian machte kurzen Prozess. Er ließ die Legion dezimieren. Jeder Zehnte wurde hingerichtet. Als auch diese drakonische Strafe nicht zum Gehorsam führte, ließ der Kaiser die Legion bis auf den letzten Mann niedermachen. Alles in allem sollen 6600 Männer den Märtyrertod gestorben sein.

Schon im vierten Jahrhundert setzte Mauritius' Verehrung ein. Sie erfuhr einen ersten Höhepunkt unter dem römisch-deutschen Kaiser Otto I. (†973). Während seiner Regentschaft wurde Mauritius sowohl zum kaiserlichen Schutzpatron als

Das Haus zum Schwarzen Mohren steht gegenüber dem Augustinerkloster.

auch zu dem des Heiligen Römischen Reichs. Etliche Klöster und Kirchen wurden Mauritius gewidmet – eingedeutscht: Moritz. In der mittelalterlichen Kunst und Ikonografie ist der Heilige oft als römischer Soldat mit dunkler Hautfarbe dargestellt. Er wird als „Schwarzer Mauritius" oder auch als „Mohr von Theben" bezeichnet. Zur Sammlung des Erfurter Angermuseums gehört eine solche Schnitzplastik. Sie zeigt Mauritius in goldfarbener Rüstung. Der Heilige hat krauses Haar und wulstige, tiefrote Lippen.

Ursprünglich gehörte die Holzfigur in die Erfurter Moritzkirche. Das Gotteshaus stand am Übergang vom Andreasviertel zum Venedig. Seine urkundliche Ersterwähnung reicht bis ins Jahr 1193 zurück. Nachdem die Moritzgemeinde 1604 mit der Andreasgemeinde verschmolzen war, nutzte sie die Moritzkirche nicht länger. Während des Dreißigjährigen Krieges ließen die schwedischen Besatzer das Kirchenschiff abreißen. Sie gewannen somit Baumaterial für die Stadtbefestigung. 1814 wurde auch der Turm abgetragen. Seither ist die Moritzkirche aus dem Stadtbild verschwunden.

Dennoch lebt die Erinnerung an den Heerführer aus Theben in ebenjenem Stadtviertel fort. Bereits 1569 entstand das Haus zum Schwarzen Mohren in der Augustinerstraße. Von hier aus sind es nur zwei, drei Gehminuten bis zur Moritzstraße sowie zum 1920/21 errichten Wohnblock Moritzhof. Eine nahegelegene Wohnanlage heißt Vor dem Moritztor. In der nahegelegenen Auenstraße befindet sich die Moritzschule. Der Rundgang durch das Quartier geht weiter durch die Moritzwallstraße zur Andreasstraße 7. Die verputzte Fassade lässt nicht erahnen, dass wir hier vor einem Steinbau aus dem 12. Jahrhundert stehen. In ihm befand sich über vier Jahrhunderte hinweg das Gasthaus zum Mohren. Seine ununterbrochene Nutzung als Gasthof lässt sich seit dem Dreißigjährigen Krieg belegen. Erst 1990 musste der Ausschank eingestellt werden; ein Brand hatte das Haus zur Ruine werden lassen. 2011 wurde das Gebäude saniert. Bei dieser Gelegenheit ersetzten die Bauherren das verwitterte Hauszeichen – einen Mohren mit Ohrringen – durch eine Kopie. Hätten sie angesichts neuzeitlicher Debatten über Rassismus und Kolonialismus darauf lieber verzichten sollen?

Bleiben wir bei den verbürgten Fakten. Alle drei Häuser – also das Haus zum Mohrenkopf, das Haus zum schwarzen Mohren sowie das Haus zum Mohren – entstanden in vorkolonialer Zeit. Sie stehen zudem als Baudenkmale unter besonderem Schutz.

Während sich alle bisher genannten Namen auf den heiligen Mauritius zurückzuführen lassen, ist die Lage bei der Mohrenapotheke (Schlösserstraße) eine andere.

Die Mohrenapotheke trägt ihren Namen seit vorkolonialer Zeit.

Hauszeichen am Haus zum Mohren in der Andreasstraße.

Sie ist eine von rund 100 Apotheken in Deutschland mit diesem Namen. Mohrenapotheken führen ihre Namensgebung zumeist auf die Heilkünste der in Nordafrika lebenden Mauren zurück. Sie hatten im Mittelalter großen Anteil an der Entwicklung der Pharmazie. Das Wort „Mauren" leitet sich von dem griechischen „mauros" (dunkel) ab. Aus Mauren wurden im Sprachgebrauch schließlich Mohren.

Die Mohrenapotheke ist eine der traditionsreichsten in Erfurt. Bereits im 17. Jahrhundert erhielt sie ein städtisches Privileg. Noch bis 2019 warb sie mit einer Schaufensterpuppe. Sie stellte einen Mohren dar, der einen Mörser in Händen hält. Angesichts heftiger verbaler Angriffe von Aktivisten verzichtet die Apotheke inzwischen auf die Zurschaustellung.

Hat der Mohr seine Schuldigkeit getan? Immer mal wieder wird in Debatten das berühmte Schiller-Zitat bemüht. Dass der Spruch im Original etwas anders lautet, wird dabei gern vernachlässigt. Wer gern selbst nachlesen möchte, wird im Drama „Die Verschwörung des Fiesco zu Genua" fündig. Im dritten Akt, vierter Auftritt, hofft ein Nordafrikaner namens Muley Hassan vergebens auf eine Belohnung für geleistete Spitzeldienste. Daraufhin grummelt er: „Der Mohr hat seine Arbeit getan, der Mohr kann gehen."

Wie wird der Streit um die Erfurter Mohren enden? Letztlich hängt alles davon ab, wie die städtische Gesellschaft mit ihrer Geschichte und Kultur umgehen möchte. Es gilt für alle Beteiligten, jedwede Diskussion auf respektvolle und informierte Weise zu führen. Lautstärke ersetzt kein Argument. Gut möglich, dass sich ein Kompromiss anbietet. Es ist in Einzelfällen sinnvoll, den jeweiligen Namen durch eine Hinweistafel zu ergänzen.

Haus zum Mohrenkopf
Johannesstraße 168
99084 Erfurt

Mohrengasse
99084 Erfurt

Haus zum schwarzen Mohren
Augustinerstraße 40
99084 Erfurt

Moritzhof 1-5
99084 Erfurt

Moritzstraße 1-43
99084 Erfurt

Vor dem Moritztor 2-6
99084 Erfurt

Moritzschule
Auenstraße 77
99089 Erfurt

Moritzwallstraße 1-22
99089 Erfurt

Haus zum Mohren
Andreasstraße 7
99084 Erfurt

Mohrenapotheke
Schlösserstraße 9
99084 Erfurt

14 | Altstadt
Als die Königin zur Witwe wurde

Kein König ist in Erfurt derart präsent wie Gustav Adolf. Im Gedenken an den Schweden wurde nicht nur ein Denkmal errichtet. Auch eine Kirche sowie eine Straße tragen seinen Namen. Dagegen nehmen Passanten eine verblasste Schrifttafel am Anger kaum wahr. Mit ihr verbindet sich ein herzzerreißender Moment. Hier, im Haus zum Schwarzen Löwen, logierte die schwedische Königin während der Schlacht bei Lützen. Hier erfuhr sie vom Tod ihres Mannes. Hier trauerte sie einen Monat lang um ihn.

Wie ehrt man einen Mann, den nicht wenige Deutsche für den König der Ketzer hielten, andere indes für den Retter der Reformation? Im Hohen Chor der Predigerkirche hängt die Antwort von der Decke – in Gestalt eines prächtigen Messingleuchters. Im Jahre 1647 hatte sich ein Erfurter namens Eduard Bode entschieden, ihn zu stiften. Er ließ den Leuchter mit acht Apostelfiguren und einer Reiterstatue versehen. Eine zusätzliche Inschrift erinnert an Gustav Adolf. Mit dem schwedischen König verband Bode eine persönliche Erinnerung. Dem Erfurter gehörte das Haus zur Hohen Lilie am Domplatz. In ihm hatte sich der König während seiner Erfurt-Aufenthalte 1631 und 1632 einquartiert.

Dennoch erfolgt die Stiftung des Leuchters nicht ganz uneigennützig. Sie war der für alle Gemeindemitglieder sichtbare Beweis, dass Eduard Bode öffentlich Buße tun wollte. Der vermeintlich brave Bürger hatte sich eines sexuellen Vergehens schuldig gemacht. Seine Ehe war kinderlos geblieben. Er aber bewies an seiner Magd, so heißt es in einer der Predigergemeinde vorliegenden Chronik, dass er „zum Ehestand tüchtig sey".

Die Schrifttafel am Haus zum Schwarzen Löwen fristet ein weitgehend unbeachtetes Dasein.

Die Tafel mit der Inschrift: „In diesem Haus wohnte Gustav Adolfs Gemahlin Marie-Eleonore von Schweden während und nach der Schlacht von Lützen November/ Dezember 1632"

Medaillon von Gustav Adolf am Denkmal neben der Predigerkirche

Gustav Adolf, Erfurt und der Bund der Ehe. Diese Geschichte erschöpft sich bei weitem nicht in Bodes Liaison mit „der armen Hure Maria Krondorferin". Sie betrifft den König und seine Gemahlin höchstselbst. Der Schwede war, mit Verlaub, ein Schwerenöter. Bereits vor seiner eigenen Hochzeit hatte er mit einer verheirateten Mätresse einen Sohn gezeugt. Dann aber, anno 1620, ehelichte Gustav Adolf die brandenburgische Prinzessin Maria Eleonora. Sie begleitete ihren Mann immer wieder auf seinen Reisen und auf Feldzügen. So auch während des Dreißigjährigen Krieges (1618–1648). Das führte sie 1632 zwei Mal nach Erfurt.

Zunächst feierte die Königin während eines Kurzbesuchs das Neujahrsfest im Mariendom. Schließlich zog das königliche Paar am 7. November 1632 gemeinsam in die Stadt ein. Während Gustav Adolf in der Hohen Lilie nächtigte, logierte Maria Eleonora im Haus zum Schwarzen Löwen am Anger. Erst im Dezember reiste sie wieder ab. An diesen einmonatigen Aufenthalt erinnert eine kaum noch lesbare Gedenktafel an der heutigen Fassade. Weit auffälliger ist dagegen der weithin sichtbare Schriftzug eines Fischimbisses, der sich im Erdgeschoss des Hauses angesiedelt hat.

Das Jahr 1632 hatte für den bis dahin unbesiegten Schwedenkönig hoffnungsvoll begonnen. Im Frühjahr konnten seine Truppen weite Teile Bayerns besetzen. In dieser für sie konsternierenden Situation setzte die Katholische Liga wieder auf ihren zuvor entlassenen Feldherren Wallenstein. Er bedrängte die Schweden alsbald derart, dass sie nach Westen ausweichen mussten. Im Spätherbst zeichnete sich ab, dass es in Sachsen zu einer großen Schlacht kommen würde. Auf dem Weg gen Leipzig legten Gustav Adolf und seine Gemahlin einen Zwischenstopp in Erfurt ein. Nach zwei Tagen brach er zum Kampf gegen die katholischen Truppen auf. Die Königin blieb in der Obhut der Stadt zurück. Den Moment ihres Abschieds sollte Friedrich Schiller anderthalb Jahrhunderte später so beschreiben: „Zu Erfurt trennte er sich von seiner Gemahlin, die ihn nicht eher als zu Weißenfels im Sarge wieder sehen sollte; der bange gepreßte Abschied deutete auf eine ewige Trennung."

Am 16. November 1632 fiel Gustav Adolf in der Schlacht bei Lützen. Die Königin erhielt zwei Tage später die Nachricht von seinem Tod in Erfurt. Sie verbrachte noch einen Monat in der Stadt. Schließlich begleitete sie die Überführung des Leichnams von Weißenfels aus bis nach Wolgast. Das einbalsamierte Herz des Königs soll in einer goldenen Dose aufbewahrt worden sein. Der Legende zufolge ließ die Witwe diese Dose nachts über ihrem Bett aufhängen. Erst nach mehr als einem Jahr wurde der König in Schweden bestattet.

Die Betroffenheit über Gustav Adolfs Tod war auch in Erfurt groß. In der Stadt lebten damals weit mehr Lutheraner als Katholiken. Ihnen galt der Schwede als Befreier von der kurmainzischen Oberherrschaft. Einen Monat vor seinem Tod hatte er alle mainzischen Rechte in Erfurt der Bürgerschaft übertragen. Damit erhielt auch die Universität einen vorerst rein evangelischen Charakter. Die Stadt blieb, abgesehen von einer kurzen Unterbrechung, bis 1650 von den Schweden besetzt. Mittlerweile hatte Gustav Adolfs Tochter Christina die Thronfolge angetreten. Allerdings verriet sie 1654 die Ideale ihres Vater. Christina dankte ab und konvertierte zum Katholizismus.

Unterdessen brachen in Erfurt unruhige Zeiten an, in denen evangelische und katholische Vertreter um das Sagen rangen. 1664 unterwarf das Mainzer Kurfürstentum die Stadt mit militärischer Gewalt. Die Bürgerschaft und der Rat schworen notgedrungen den neuen alten Machthabern die Treue.

Es sollte fast 250 Jahre dauern, bis die Erfurter ein Gustav-Adolf-Denkmal errichteten. „Verzage nicht, Du Häuflein klein, Gott ist mein Harnisch", so steht es auf jener Stele geschrieben, die seit 1911 neben der Predigerkirche steht. Außer einem Porträt des Königs, einer Bibel und einem Schwert zeigt es auch einen Löwen – passend zum Beinamen des Herrschers. Er galt den Protestanten seiner Zeit als kämpferischer Löwe, als der Löwe aus dem Norden.

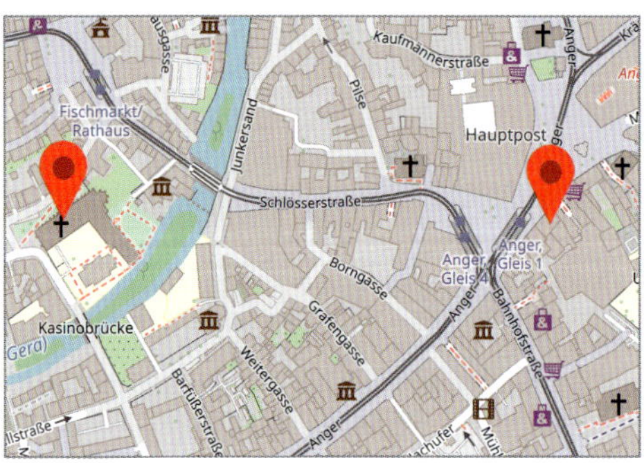

Haus zum Schwarzen Löwen
Anger 11
99084 Erfurt

Predigerkirche
Predigerstraße 4
99084 Erfurt

15 | Altstadt
Schiller und die schwarze Göttin

Himmelhoch jauchzend und zu Tode betrübt – so lässt sich das Verhältnis Friedrich Schillers zu Erfurt beschreiben. Hier hatte er seine Braut am Vorabend der Hochzeit in Empfang genommen. Hier brach aber auch erstmals jene schwere Krankheit durch, die ihm ein jahrelanges Leiden bescheren sollte. Auf den knapp formulierten Hinweistafeln, die am Haus Dacheröden, an der Staatskanzlei sowie am Haus zum Bürgerstreit hängen, steht davon kein Sterbenswörtchen. Wer die dahinter verborgene Geschichte ergründen möchte, darf mit der Zeitmaschine ins Jahr 1791 zurückreisen.

„Schiller und Goethe gingen in diesem Hause ein und aus." So besagt es eine Tafel am Haus Dacheröden. Sie verrät zugleich, dass sich Wilhelm von Humboldt hier mit Caroline, der Tochter des Hausherren vermählt hatte. So geschehen 1791. Das Jahr ihrer Vermählung war zugleich Schillers Schicksalsjahr. Mehrmals hielt er sich 1791 in Erfurt auf. Zuletzt für immerhin sechs Wochen im August und September. In dieser Zeit wohnten der Dichter und seine Frau im Haus zum Bürgerstreit. Das Anwesen gehört zur Langen Brücke. Wer heutzutage durch die idyllische Einkaufsstraße flaniert, nimmt dieses Gebäude meist nur am Rande wahr. Es steht etwas abgehängt von der eigentlichen Einkaufsmeile in einem Straßenzipfel. Auch hier informiert eine Hinweistafel über Schillers Aufenthalt. Wir erfahren zudem, dass er in dieser Zeit an der „Geschichte des Dreißigjährigen Krieges" gearbeitet hat.

Das Jahr 1791. Es beginnt für das junge Ehepaar verheißungsvoll. Charlotte und Friedrich Schiller weilen seit dem Silvestertag in Erfurt. Sie möchten die

Kleiner Schönheitsfehler auf der Tafel. Das Ehepaar Schiller verbrachte zwar sechs Wochen im Haus zum Bürgerstreit. Sie reisten aber erst am 1. Oktober 1791 ab.

Weihnachtsferien verlängern, Freunde treffen, geschäftliche Kontakte pflegen. Das Paar logiert im Gasthof zum Schlehendorn. Die Herberge steht an der Ecke von Langer Brücke und Regierungsstraße, genau da, wo sich heutzutage die Kleinkunstbühne „Dasdie Brettl" befindet. Gemeinsam mit Familie Dacheröden stoßen die Schillers aufs neue Jahr an. Charlotte Schiller und Caroline von Dacheröden sind nicht einfach nur Jugendfreundinnen. Sie sind ein Herz und eine Seele. Gerade mal zehn Monate liegt die Hochzeit der Schillers zurück. Charlotte hatte sich in jenem Februar 1790 ausbedungen, die Tage vor ihrer Vermählung im Dacherödschen Haus zu verbringen. Von hier aus brach das Brautpaar zur Kirche in Wenigenjena auf.

Längst hatte auch der Dichter enge Kontakte nach Erfurt geknüpft. Ihn zieht es in die Nähe des 15 Jahre älteren Karl Theodor von Dalberg. Dessen Bruder ist Direktor des Mannheimer Nationaltheaters; er hatte Schillers „Räuber" uraufgeführt. Karl Theodor von Dalberg wiederum ist der mainzische Statthalter von Erfurt. Zu diesem Zeitpunkt ist er bereits als Koadjutor des Kurfürsten von Mainz bestimmt worden. Damit steht fest: Er wird nach dessen Tod die Amtsnachfolge antreten. In dieser Eigenschaft bietet Dalberg mehrfach an, Schillers beruflichen Werdegang zu fördern und ihn an Erfurt oder Mainz zu binden. „Dann, denke ich, ist für mich gesorgt", notierte Schiller hoffnungsfroh bereits 1789. Nun, zu Beginn des Jahres 1791, lässt Dalberg eine erste, wenn auch nur symbolische Tat folgen. Er arrangiert, dass Schiller am 3. Januar in die Churfürstlich Mayntzische Academie nützlicher Wissenschaften aufgenommen wird. Der förmliche Akt findet am Nachmittag in der Statthalterei statt, in der heutigen Staatskanzlei.

Am Abend desselben Tages soll das Feiern munter weitergehen. Charlotte und Friedrich Schiller sind in den Saal des Ratskellers eingeladen. Anlässlich des Geburtstages des abwesenden Kurfürsten finden ein Konzert sowie ein Festmahl statt. Die aus Erfurt stammende Sophia Häßler dirigiert. Sie ist 29 Jahre alt und hat schon sieben Kinder geboren. Dennoch hat sie es vermocht, sich jenseits aller Mutterpflichten den Ruf einer weithin geschätzten Sängerin und Pianistin zu erarbeiten. An diesem Abend erklingen eine Sinfonie von Haydn sowie ein Quartett von Ignaz Pleyel. Als Höhepunkt ist zu Ehren des Landesherren die Aufführung der Kantate „Friedrich Carl Joseph, der Liebling seines Volkes" geplant. Sie war eigens von Sophias Ehemann Johann Wilhelm Häßler komponiert worden.

Schiller erlebt nur den Auftakt des Konzerts. Er hat Hitzewellen. Er erleidet einen Schwächeanfall. Bedienstete tragen ihn in einer Sänfte in den Gasthof zum Schlehendorn. Der Dichter hält später schriftlich fest: „In Erfurt begegnete

Da, wo sich heute das „Dasdie Brettl" befindet, stand 1791 der Gasthof zum Schlehendorn. Hier wohnten die Schillers zu Jahresbeginn 1791.

mir das Unglück, von einem heftigen Catarrhfieber angegriffen zu werden, daß ich einen ganzen Tag das Bette und einige Tage das Zimmer hüten mußte." Er spricht in einem Brief von einem „Schmerz auf einer bestimmten Stelle meiner Brust, den ich bei starkem Einathmen, Husten oder Gähnen empfinde und der von einem Gefühl der Spannung begleitet ist." Er berichtet, dass er selbst und sein „Arzt für dem Seitenstich und einem hitzigen Fieber bange waren." Welcher Erfurter Mediziner hat ihn behandelt? Sein Name hat sich im Dunkel der Geschichte verloren.

Der Zustand des Dichters scheint sich zu bessern. Am 9. Januar reist er mit Charlotte nach Weimar ab, von dort begibt er sich zwei Tage später allein nach Jena. „Ich bin glücklich angekommen, liebstes", lässt er Charlotte wissen. „Die ordentliche Lebensart und Ruhe werden mich in wenig Tagen wieder völlig gesund machen." Was für ein Irrglaube!

Nur einen Tag später wirft es ihn erneut nieder. „Das Fieber nahm mit großer Heftigkeit zu. Doch war die Krankheit mehr Seitenstich als Lungenentzündung,

Die Statthalterei war der Amtssitz des kurmainzischen Koadjutors Karl Theodor von Dalberg. Mittlerweile ist sie der Sitz der Thüringer Landesregierung.

welche höchstens auf der Oberfläche rechter Seite inflammirt war. Am 3ten Tag spie ich Blut (...) Der blutige Auswurf färbte sich bald und hatte guten Eiter. Nur die üble Einmischung des Unterleibs machte das Fiber compliciert (...) Mein geschwächter Magen brach 3 Tage lang alle Medizin weg. In den ersten 6 Tagen konnte ich keinen Bißen Nahrung zu mir nehmen (...) Nach dem Siebenten Tag wurden meine Umstände sehr bedenklich, daß mir der Muth ganz entfiel, aber am 9ten und 11ten erfolgten Crisen. Die Paroxysmen (Anfälle) waren immer von starkem Phantasieren begleitet."

Moderne Mediziner sind sich in ihrer Beurteilung weitgehend einig. Schiller dürfte an einer kruppösen Pneumonie gelitten haben – an einer akuten Lungenentzündung. Diese sei verschleppt worden und habe zu einer andauernden Rippenfellentzündung geführt. Monat für Monat wird Schiller während der nächsten Jahre daran leiden. Als er 1805 stirbt und obduziert wird, bescheinigt der Leibarzt des Weimarer Herzogs eine Lunge, die „faul und brandig" ist sowie extrem krankhafte Missbildungen von Rippenfell, Milz und Därmen. Sein Fazit: „Bei diesen Umständen muss man sich wundern, wie der arme Mann solange hat leben können."

Noch aber schreiben wir das Jahr 1791. Schillers Ärzte behandeln auf klassische Weise. Gegen das Fieber geben sie Opium und Chinin. Sie lassen ihn zur Ader und setzen Blutegel an. Beides soll Schmerzen stillen und die Entzündung hemmen.

Ahnt Schiller, dass er sich von dem in Erfurt erlittenen Zusammenbruch nie wieder erholen wird? In seinen Briefen an engste Vertraute klingt es wiederholt an. Schon am 22. Februar 1791 zweifelt er, „ob meine Krankheit durch eine vollkommene Crisis gehoben ist." Im April heißt es: „Mir ist, als ob ich diese Beschwerden behalten müßte." Schiller, der selbst Medizin studiert hat, weiß sehr wohl, wovon er spricht. Bereits geraume Zeit vor der Erfurter Erkrankung hatte er notiert: „Wir Mediciner sind darinn übler dran als andre, weil unsre Furcht vor Krankheit mikroskopische Augen hat, weil wir tausend Wege mehr entdecken, die die Krankheit zu unserm Leben ausfündig macht." Gleichwohl meint er aber auch, dass ein von schwerer Krankheit gezeichneter Mensch „den Ohrenbläßereien der schwarzen Göttin nicht alles glauben soll". Gemeint ist die Göttin des Todes.

Im Sommer 1791 reist Schiller zu einer vierwöchigen Kur nach Karlsbad (Tschechien). Er entschließt sich, eine Nachkur einzulegen – in Erfurt, mit Hilfe des hier erhältlichen Heilwassers aus Eger (Tschechien). Ab dem 23. August

Im Haus Dacheröden holte Schiller seine Braut vor der Hochzeit ab.

quartieren sich der Dichter und seine Frau im Haus zum Bürgerstreit ein. Nach einigen Tagen schreibt Schiller an seinen Verleger: „Der Unterleib hält sich auch gut und der Geist ist heiter. Aber mit der Arbeit will es jetzt noch nicht recht fort, denn kein Gedanke will mir fest halten.“ Immerhin kündigt er an, binnen zehn Tagen die nächsten Manuskriptseiten des „Dreißigjährigen Krieges“ abschicken zu wollen. Alles in allem verbessert sich sein Allgemeinzustand jedoch nicht. Bereits am 3. Oktober, zwei Tage nach der Abreise aus Erfurt, hat er wieder Krämpfe im Unterleib, das Atmen fällt ihm schwer. „Ich waffne mich mit Geduld und Ergebung, und werde mich in jedes Schicksal finden."

Friedrich Schiller stirbt knappe 14 Jahre später, am 9. Mai 1805 in Weimar. Sein Erfurter Mäzen Dalberg ist drei Jahre zuvor Kurfürst und Erzbischof von Mainz geworden. Nur ein Jahr später fiel Kurmainz an Frankreich. Schillers zwischenzeitliche Hoffnung, von Dalberg in eine Stellung berufen zu werden, erfüllte sich nie. Caroline von Dacheröden verließ nach ihrer Hochzeit mit Humboldt die Stadt Erfurt. Sie lebte einige Jahre in unmittelbarer Nähe der Familie Schiller in Jena, ehe sie ihren Lebensmittelpunkt nach Paris und Rom verlegte.

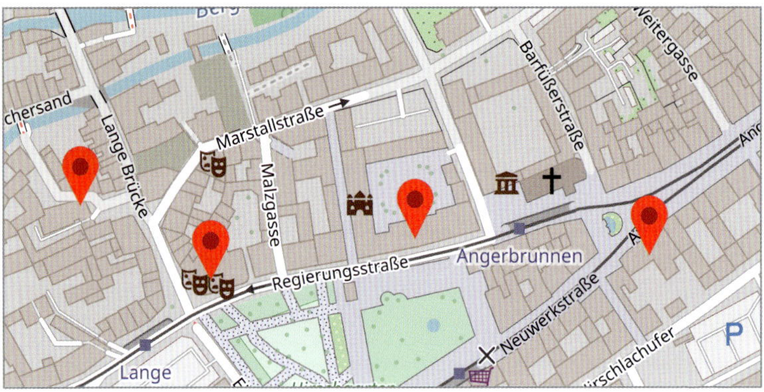

Haus zum Bürgerstreit
Lange Brücke 36
99084 Erfurt

Staatskanzlei
Regierungsstraße 73
99084 Erfurt

Dasdie Brettl
Lange Brücke 29
99084 Erfurt

Haus Dacheröden
Anger 37
99084 Erfurt

16 | Altstadt
Das Urmeter von Erfurt

Architekturfans kommen vor der Statthalterei oft nicht aus dem Staunen heraus. Kein Wunder! Mit diesem Gebäude bescherten die kurmainzischen Landesherren der Stadt ihr prächtigstes Barock-Ensemble. Doch es gibt weit mehr zu entdecken als nur Hermen, Putten und floral gestaltete Reliefs. Nachdem die Preußen die Herrschaft übernommen hatten, fügten sie der Fassade nützliche Details hinzu. Eisenplatten zeigen die wichtigsten Längenmaße an: den Meter sowie die halbe Ruthe. Doch in dieser Geschichte spielen auch Erfurts zwischenzeitliche Besatzer – die Franzosen – eine maßgebliche Rolle.

Ein Meter ist ein Meter. Kein Millimeter mehr, kein Millimeter weniger. Was heutzutage klingt wie eine Selbstverständlichkeit, stellte die Menschen vor rund 200 Jahren vor große Herausforderungen. Das galt im privaten Leben ebenso wie im Bauwesen und erst recht beim Militär. Während heutzutage in nahezu jedem Haushalt ein Zollstock aufzufinden sein dürfte, gehörten solche Hilfsmittel um das Jahr 1800 längst nicht zum Alltag. Das Bedürfnis, Maße zu kontrollieren, war dennoch groß. Wer zum Beispiel Stoffe kaufte, wollte beim Zuschnitt ganz bestimmt nicht übers Ohr gehauen werden. Allein schon vor diesem Hintergrund gewannen Vergleichsmaße, die an öffentlichen Gebäuden angebracht waren, besondere Bedeutung.

Allerdings war es um die Maßeinheiten in Deutschland alles andere als einheitlich bestellt. Das Reich war an der Wende vom 18. zum 19. Jahrhundert in zig Einzelstaaten aufgesplittert. In nahezu jedem Herrschaftsgebiet galten andere

Der preußische König ordnete an, Probemaße an öffentlichen Gebäuden auszustellen – wie hier an der Statthalterei (heutige Staatskanzlei).

Längenmaße. Das zeigte sich auch beim Bau der Erfurter Zitadelle, die unter verschiedenen Bauherren voranschritt. Fünf voneinander abweichende Einheiten kamen dabei zur Anwendung. Anfangs galt der Erfurter Fuß als das Maß der Dinge. Er entsprach 0,282 Meter. Darauf folgten der Mainzer Werkschuh (0,292 m) und kurzzeitig die Römische Palme (0,258 m). Mit der Machtübernahme durch die Preußen wurde ab 1802 der Preußische Fuß (0,314 m) verwendet. Während der napoleonischen Besatzung 1806/14 setzten die Festungsbauer auf den Pariser Fuß (0,325 m).

Der Wunsch, den Wirrwarr durch ein einheitliches System zu ersetzen, wurde zuerst in Frankreich umgesetzt. 1791 schlug die Académie des Sciences ein universelles Längenmaß vor. Dazu sollte der zehnmillionste Teil des Abstandes vom Nordpol zum Äquator ermittelt werden; dieses Maß hieß Metron. Jahrelange, äußerst aufwändige Messungen folgten. Anno 1800 führte Frankreich den Meter als Standardmaß ein. Heute wissen wir: Die Franzosen haben seinerzeit den Pol-Abstand nahezu perfekt vermessen. Sie lagen lediglich zwei Kilometer zu kurz. Statt 10.000 beträgt er 10.002 Kilometer. Mit anderen Worten: Das von ihnen festgelegte Urmeter war eigentlich 0,2 Millimeter zu kurz. Das entspricht in etwa zwei bis drei Haaresbreiten.

Zurück nach Erfurt. Normalerweise hätte hier mit Beginn der napoleonischen Besetzung der Meter eingeführt werden können. Doch einerseits hatten die Menschen und die Verwaltung durchaus andere Sorgen. Andererseits haderten die Franzosen selbst mit dem Metron. Viele Menschen beharrten auf den vertrauten alten Maßeinheiten. Schließlich setzte Napoleon das metrische System aus. Erst 1837 wurde es per Gesetz erneut in Frankreich eingeführt.

Bereits 1814 hatte das Königreich Preußen die Hoheit über Erfurt zurückerlangt. Zu jener Zeit zeichnete sich als ein Gebot ab, den preußischen Staat an vielen Stellen zu reformieren. Das schloss eine Vereinheitlichung von Maßen ein. 1816 war es soweit. König Friedrich Wilhelm verordnete eine „Maß- und Gewichts-Ordnung". In jedem Landesteil wurden Eichungskommissionen eingerichtet. Zum neuen Standardlängenmaß wurde allerdings nicht der Meter bestimmt, sondern die Preußische Ruthe. Sie entsprach 3,766 Meter. Wörtlich legte das Gesetz fest: „Bei jedem Eichungsamte muß an einem offenen Orte ein in Zolle eingetheiltes, metallenes Fußmaaß und eine Elle befestigt seyn, woran jeder unentgeldlich die Richtigkeit seiner Maaße selbst prüfen kann. Das Amt sorgt für die Erhaltung dieser öffentlichen Probemaaße. In den größten Städten des Reichs soll überdies, an der Außenseite eines schicklichen öffentlichen Gebäudes, eine halbe Ruthe in eine harte Steinart eingehauen, oder aus Eisen gegossen ausgestellt werden." Genau eine solche halbe Ruthe befindet sich noch immer an der Erfurter Statthalterei.

Gleich daneben hängt ein weiteres, ebenfalls gusseisernes Muster. Es ist überschrieben mit „Ein Stab = Ein Meter". Die Nutzung des metrischen System setzte sich schrittweise ab den 1830er Jahren durch. Formal beschlossen wurde es aber erst 1868 vom Norddeutschen Bund, zu dem auch Preußen gehörte. Zum Urmeter wurde ein Platinstab auserkoren, der sich im Besitz der Königlich-Preußischen Regierung befand. Der Stab war seinerzeit von einer Kommission vermessen worden. Sie ermittelte bei einer Temperatur von 0 Grad dessen Länge mit exakt 1,00000301 Meter.

Wie lang aber ist das Erfurter Urmeter an der Staatskanzlei? Einheimische und Touristen können dies jederzeit selbst überprüfen, etwa mit Hilfe eines klassischen Maßbands. Noch einfacher funktioniert's mit einem modernen Smartphone und einer kostenlosen App.

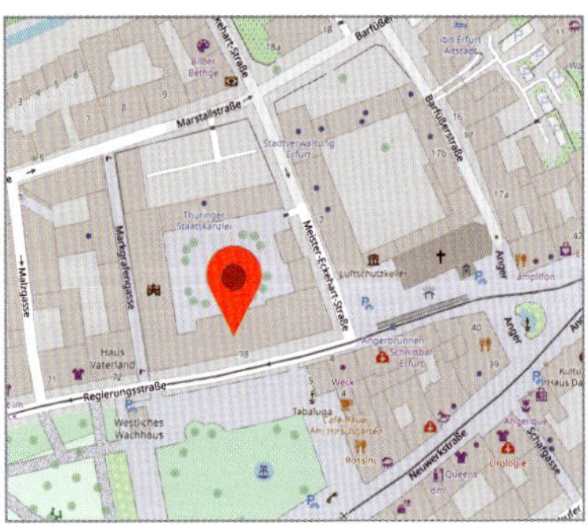

Thüringer Staatskanzlei
Regierungsstraße 73
99084 Erfurt

17 | Altstadt
Von der Krämerbrücke zur Brooklyn Bridge

Von Erfurts engster Gasse sind es nur wenige Schritte bis in die weite Welt. Wir müssen die Kirchhofsgasse lediglich an ihrer Mündung in die Marktstraße verlassen, auf die gegenüberliegende Straßenseite wechseln und unseren Blick etwas erheben. Schon erblicken wir eine Tafel, die Grüße eines New Yorker Bürgermeisters an die Erfurter zitiert. Michael Bloomberg hatte von 2001 bis 2013 amtiert. Die Geschichte, die sich hinter seinen Worten verbirgt, erzählt von einem Drahtseilakt.

Wer von Erfurt spricht und an eine berühmte Brücke denkt, dürfte meist die Krämerbrücke im Sinn haben. Sie ist die längste mit Häusern bebaute Brücke Europas. Unter ihr fließt die Gera dahin. Von hier können wir auf dem Wasserweg sogar New York erreichen. Wir müssten uns lediglich in ein Kanu setzen, zur Unstrut paddeln, von da zur Saale und zur Elbe. Von Hamburg aus reisen wir per Schiff über den Atlantik, ehe wir eine weitere rekordverdächtige Brücke erblicken.

Sie ist 1,8 Kilometer lang. Ihr Mittelstück spannt sich 486 Meter über den East River. Keine andere Brücke konnte zum Zeitpunkt ihrer Fertigstellung mit der Brooklyn Bridge konkurrieren. Sie war die technisch anspruchsvollste Hängebrücke auf Erden. Ihre Tragkabel bestehen aus jeweils 5434 dünnen Drähten. Kaum zu glauben, dass die Karriere ihres Erbauers unweit der Krämerbrücke begonnen haben soll. In der Erfurter Altstadt war ab 1820 ein privates Institut ansässig. Gegründet hatte es der jüdische Mathematiker Ephraim Salomon Unger. Sein Schwerpunkt lag auf der Baukunst. Unger bot Kurse an für praktische Mathema-

Die Gedenktafel hängt an einem ehemaligen Schulgebäude in der Marktstraße. Röbling hatte allerdings in einem anderen Haus gelernt; es befand sich in der Futterstraße.

tik, für geometrisches Zeichnen sowie für Mechanik. Von 1821 bis 1823 ließ sich hier ein gewisser Johann August Röbling aus Mühlhausen ausbilden. In Erfurt legte er auch sein erstes Examen ab: Röbling bewies sich vor einer Kommission der preußischen Regierung als Feldvermesser.

Acht Jahre später wanderte der Ingenieur nach Amerika aus. Schon bald entwarf er Brücken in seiner neuen Heimat. Obwohl Röbling erst 1865 mit der Planung der Brooklyn Bridge begann, gilt als unstreitig, dass er die Basis dafür in Erfurt gelegt hatte. In einer von seinem Sohn Washington August Röbling verfassten Biografie betont dieser, der Vater habe seine Zeichenfertigkeiten in Erfurt erworben. Außerdem fand eine Historikerin heraus, dass der Konstrukteur zeitlebens Schriften aus der Erfurter Lehranstalt behalten hatte. Dazu gehören Handbücher der Arithmetik, der Trigonometrie sowie zum Gebrauch von Logarithmen. Derartige Berechnungen waren für die Konstruktion komplexer Brücken unerlässlich.

Johann August Röbling starb 1869 an den Folgen eines Unfalls. Sein Sohn Washington und dessen Frau Emely – beide waren ebenfalls Ingenieure – vollendeten die Brooklyn Bridge. Es sollte allerdings bis 2007 dauern, ehe der „Verein für die Geschichte und Altertumskunde" die Verbindung Röblings nach Erfurt weithin öffentlich machte. Sechs Jahre später wurde in der Markstraße eine Gedenktafel eingeweiht. Ihre Gestaltung hatte der Maler Jürgen Valdeig übernommen. News Yorks Bürgermeister steuerte einen Gruß bei: All the best to the people of Erfurt. Alles Gute den Menschen in Erfurt.

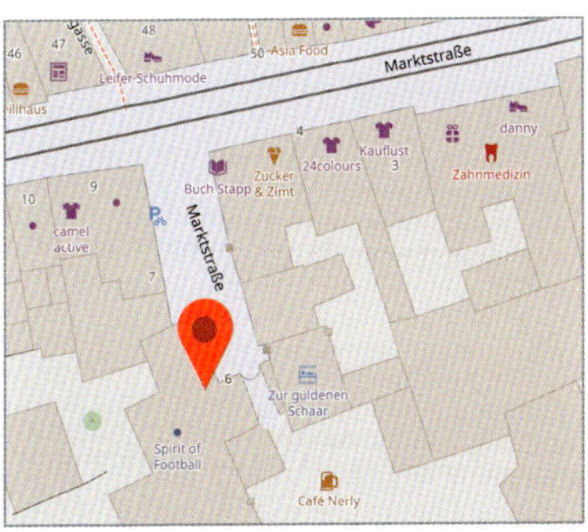

Gedenktafel
Marktstraße 6
99084 Erfurt

18 | Altstadt

Bonifatius und Luther, Rotbart und Weissbart

Von der Fassade des Rathauses blicken die bronzenen Abbilder von Bonifatius und Luther auf den Fischmarkt. Sowohl der Missionar als auch der Reformator sind mit Erfurts Geschichte eng verbunden. Doch als das Rathaus im 19. Jahrhundert erbaut wurde, hoben die Stadtväter zunächst zwei andere Herren auf den Sockel.

Sind Ihnen beide Figuren eigentlich je bewusst aufgefallen? Gut möglich, dass gerade alteingesessene Erfurter mit Nein antworten. Fast sieben Jahrzehnte lang waren die beiden Denkmalnischen verwaist. Es lohnte sich somit überhaupt nicht, die Sockel näher in Augenschein zu nehmen. Erst 2017 bezogen Bonifatius und Luther diesen prominenten Ort. Eine Spende des Rotary-Clubs machte es möglich.

Die Aufstellung war in der Öffentlichkeit keineswegs unumstritten. Zwei Kirchenvertreter am Rathaus – das erschien Kritikern zu viel des Guten. Ohnehin wird sowohl Bonifatius als auch Luther im Rathaus bereits umfänglich gehuldigt. So führt uns ein Zyklus aus sieben Wandgemälden wichtige Stationen aus Luthers Leben in Erfurt vor Augen. Hier hatte er sich 1501 an der Universität eingeschrieben. Hier trat er 1505 ins Augustinerkloster ein. Hier empfing er 1507 die Priesterweihe. Von hier brach er auf, die einst von Bonifatius mitgestaltete Kirche zu reformieren. Der Missionar hatte im Jahre 742 den Papst per Brief informiert, in Erfurt ein Bistum errichtet zu haben. Das Schreiben ist die älteste bekannte Erwähnung des Ortsnamens. Im Festsaal des Rathauses führt uns ein Wandgemälde die damalige Missionstätigkeit vor Augen. Wir erblicken Bonifatius, der im Steigerwald jene Eiche fällt, die den heidnischen Germanen als heilig

Die Figuren befinden sich auf Höhe der Fensterfront des Festsaals.

galt. Der Legende zufolge erbrachte der Christ damit den Beweis, wessen Gott der Stärkere ist. Allerdings wissen wir heutzutage, dass uns das Gemälde ein wenig in die Irre führt. Eine heilige Eiche hatte Bonifatius zwar tatsächlich fällen lassen. Dies geschah indes nahe Geismar in Nordhessen, also nicht im Erfurter Steiger.

Bonifatius und Luther. Gestaltet wurden die lebensgroßen Figuren vom Erfurter Künstler Christian Paschold.

All diese Wandbilder stammen aus dem letzten Viertel des 19. Jahrhunderts. Mit ihnen gestalteten zwei Maler das Rathaus künstlerisch aus. Außerdem wurden 1876 an der Fassade zwei monumentale Figuren aus Sandstein aufgestellt. Jedoch handelte es sich weder um Luther noch um Bonifatius, sondern um weltliche Herrscher. Mit Friedrich I. ist für immer und ewig die Sage vom Kaiser verbunden, der im Kyffhäuser schläft und auf bessere Zeiten wartet. Der auch Barbarossa (Rotbart) genannte Regent steht stellvertretend für das Streben der Deutschen nach einem Nationalstaat. Diese Sehnsucht hatte der weißbärtige Wilhelm I. mit der Konstituierung des Deutschen Kaiserreichs im Jahr 1871 erfüllt.

Bis 1950 durften beide Kaiser in trauter Zweisamkeit vom Rathaus aus über Erfurt blicken. In jenem Jahr beschloss der Stadtrat, sie entfernen zu lassen. Die sichtliche Verehrung zweier Kaiser passte schlichtweg nicht ins offizielle Geschichtsbild der jungen DDR. Seither gelten die steinernen Figuren als verschollen. Die Zeitläufe überdauert haben lediglich Fotografien. Sie zeigen Friedrich I. und Wilhelm I. in prächtigen Gewändern sowie mit Krone und Schwert.

Auch ihre neuzeitlichen Nachfolger halten Attribute in den Händen. Bei Bonifatius sind es ein Bischofsstab und eine symbolische Kirche, bei Luther ist es allein eine Bibel. Wenn Sie das nächste Mal am Rathaus vorbeilaufen, heben Sie doch einfach mal den Blick und bestaunen die beiden. Die Herren lassen sich schon auf den ersten Blick gut unterscheiden. Bonifatius trägt eine Bischofsmütze. Luther ist barhäuptig.

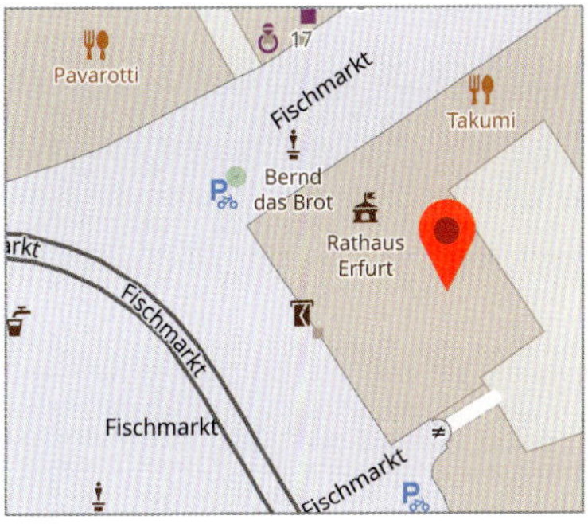

Rathaus
Fischmarkt 1
99084 Erfurt

19 | Altstadt & Löbervorstadt
Bismarcks Sporen und Spuren

Hoch über den Köpfen all jener, die über den Erfurter Anger flanieren, steht ein älterer Herr in strammer Pose. Sein Uniformrock ist akkurat geknüpft. Darauf prangt der Weiße Adlerorden, die höchste Auszeichnung Preußens. Seine linke Hand umklammert einen Säbel, die rechte eine Schriftrolle. Doch wo ist die Pickelhaube abgeblieben, die Bismarck auf vielen zeitgenössischen Darstellungen trägt? Und wie gelangte jener Mann, der manchen als Nationalheld gilt und anderen als Schurke, überhaupt an die Fassade des Anger 33?

In Erfurt habe ich mir die diplomatischen Sporen verdient. Eine Schrifttafel oberhalb der Statue gibt eine erste Antwort auf die Frage, was Otto von Bismarck mit der Stadt verbindet. Im Frühjahr des Jahres 1850 tagte im Erfurter Augustinerkloster das Parlament der Deutschen Union. Auf Betreiben des Königreichs Preußen sollte es nach der gescheiterten Revolution von 1848/49 die Verfassung für ein Deutsches Reich beschließen. Zu den 314 Abgeordneten gehörte Otto Eduard Leopold von Bismarck-Schönhausen. Zu jener Zeit war der spätere Fürst noch ein junger Adeliger vom Land, der seine Zukunft im Staatsdienst sah. Das Zitat zu den diplomatischen Sporen spielt auf seine Rolle während des Unionsparlaments an. Bismarck war einer der Schriftführer und damit nah dran am Geschehen vor und hinter den Kulissen der Macht.

Noch sollte es Jahrzehnte dauern, ehe er sich selbst zu dem Mann stilisierte, der quasi im Alleingang das Deutsche Reich gegründet hatte. Bereits in den Briefen, die Bismarck während des Erfurter Unionsparlaments an seine Frau schrieb, klingt seine spätere Abkehr vom Parlamentarismus hin zu einer Politik von Blut

Bismarck wacht über den Erfurter Anger.
Die Bäume wurden leider gefällt.

Bismarckturm im Steiger.

und Eisen an. Am 25. April 1850 notierte er: „Wir von der Rechten denken heut: Pack schlägt sich, Pack verträgt sich. Die Linken zanken sich vor unsern Augen höchst leidenschaftlich untereinander über das Wahlgesetz; Bourgeois gegen Proletarier; laß sie zanken." Zwei Tage später erregte er sich, dass die Parlamentarier „wieder ellenlange Reden gehalten hätten, in denen nicht das Geringste vorkam, was nicht schon zehnmal gesagt wäre". Er ärgerte sich über „Schwätzer" und deren perfide Wortverdrehungen sowie darüber, dass er selbst nur wenig zu Wort kam.

Während er Zeilen wie diese schrieb, hockte Otto von Bismarck in seinem Quartier am Anger, trank Tee und verspeiste Kiebitzeier, die ihm seine Frau nach Erfurt geschickt hatte. Der Abgeordnete war im Haus „Zum Tannenberge und grünen Löwen" einquartiert. Das einstige Gebäude existiert allerdings nicht mehr. Es wurde an der Wende vom 19. zum 20. Jahrhundert durch das heutige Wohn- und Geschäftshaus am Anger 33 ersetzt. Historische Fotos zeigen, dass schon damals ein bronzener Bismarck auf Höhe des ersten Obergeschosses stand. Nach dem Zweiten Weltkrieg ließen die Machthaber der sowjetischen Besatzungszone das Denkmal entfernen. Erst 2004 kehrte der Kanzler auf Initiative des Bismarckturmvereins zurück.

„Ich habe viel Schererei als Schriftführer", ließ Bismarck seine Frau am 16. April 1850 wissen. Doch er hatte offenbar einen Ausgleich gefunden. „Alle Nachmittag gehe ich oben auf einen Waldberg, der Steiger geheißen, und trinke Bier, das ist noch das Beste und die Aussicht auf Stadt und Wald." Tatsächlich war der junge Politiker nicht allein unterwegs. Er nutzte die Spaziergänge, um sich mit Gleichgesinnten auszutauschen – oder, wie man heute sagen würde: um ein Netzwerk zu knüpfen.

51 Jahre später wurde im Steiger der Grundstein für ein monumentales Bismarck-Denkmal gelegt. Nach nur vier Monaten Bauzeit konnte der 22 Meter hohe Turm eingeweiht werden. Er überstand die Zeitläufe weitgehend unbeschadet. Zu DDR-Zeiten taufte man ihn kurzerhand um in Friedensturm. Seit Mauerfall und politischer Wende darf er wieder offiziell Bismarckturm heißen.

Allerdings erfährt der geneigte Besucher weder am Anger 33 noch im Steiger, dass das Erfurter Unionsparlament de facto gescheitert ist. Zwar nahm das Parlament den Verfassungsentwurf an. Doch der von Preußen angestrebte Bundesstaat kam nicht zustande. Noch 1850 wäre es beinahe zum Krieg mit Österreich gekommen. In der Folge verzichtete Preußen – vorerst – auf seinen Führungsanspruch in Deutschland. Bismarcks große Zeit stand erst noch bevor.

Apropos Bismarck. Warum trägt er auf seinem Erfurter Statue keine Pickelhaube? Die Frage lässt sich diplomatisch beantworten. Es gibt sowohl Bismarck-Denkmale, die auf dieses kriegerische Attribut setzen als auch solche, die ohne es auskommen.

Erfurt und Preußen

Lange Zeit hatte Erfurt unter der Oberhoheit des Kurfürstentums Mainz gestanden. 1802 fiel die Stadt ans Königreich Preußen. Nach der napoleonischen Besatzung strukturierte Preußen sein Herrschaftsgebiet neu. So entstand 1815 die preußische Provinz Sachsen. Zu ihr gehörte der Regierungsbezirk Erfurt.
Als sich 1920 das Land Thüringen gründete, verblieb Erfurt im Hoheitsgebiet von Preußen. Der Regierungsbezirk wurde 1945 aufgelöst.
Erfurt ging im Land Thüringen auf.

Hoheitszeichen der Preußen: Der Adler befindet sich auf der Zitadelle Petersberg. Die Initialen FR stehen für Fridericus Rex (König Friedrich I.).

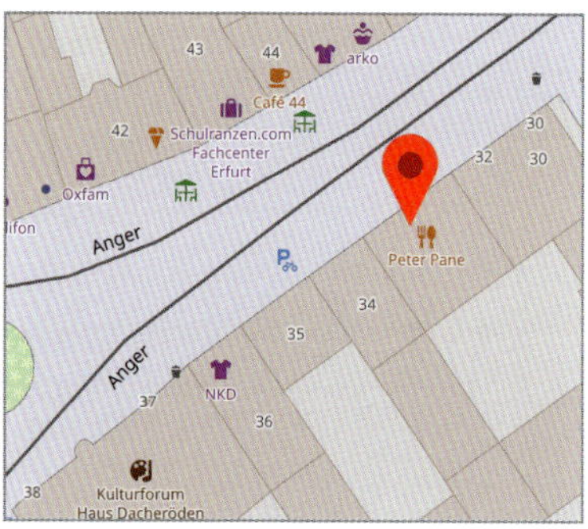

Haus „Zum Tannenberge und grünen Löwen"
Anger 33
99084 Erfurt

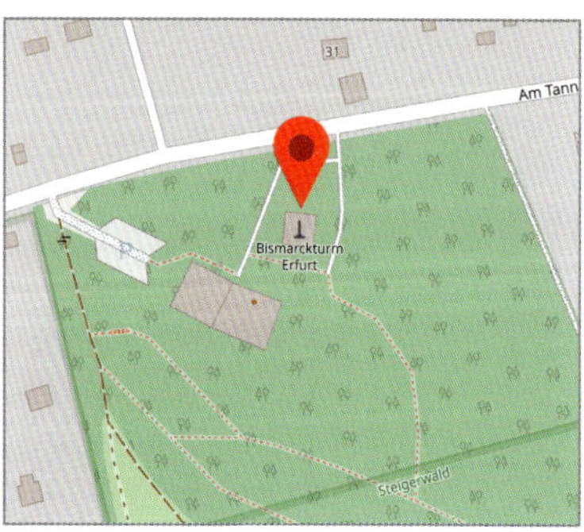

Bismarckturm
Am Tannenwäldchen 28
99096 Erfurt

20 | Ilversgehofen
Erfurts unbekanntester Brunnen

Das Überflüssige, so behauptete Voltaire im 18. Jahrhundert, ist eine sehr notwendige Sache. In der Neuendorfstraße können wir eine steinerne Entsprechung seiner kühnen These entdecken. Eigentlich hätte es an dieser Stelle nie und nimmer einen futuristisch anmutenden Brunnen gebraucht. Aber ...

Der Stadtteil Ilversgehofen liegt weitab der touristischen Pfade. Auch die meisten Erfurter verirren sich nur höchst selten hierher. Doch immerhin ist der Beiname des Quartiers vielen geläufig. Vom Blechbüchsenviertel geht die Rede. Woher genau diese Bezeichnung stammt, ist allerdings nicht nur an Stammtischen umstritten. Es gibt wenigstens zwei Theorien dafür. Die eine erzählt von Kindern, die in ärmlichen Verhältnissen aufgewachsen sind. Weil sie keine Fußbälle besaßen, kickten sie mit Blechbüchsen. Die andere Annahme fokussiert sich auf die vielen Arbeiter, die im Erfurter Norden gelebt haben. Ihr Essen nahmen sie sich in blechernen Dosen mit in die Fabriken.

Beiden Geschichten ist eines gemein: Sie fokussieren sich auf die einstigen Lebensumstände in Ilversgehofen. Um sie maßgeblich zu verbessern, entstand 1925/27 ein neues Wohnviertel. Der Architekt Otto Jacobsen entwarf ein Quartier aus neun Wohnblocks, die sich um großzügig bemessene sowie begrünte Innenhöfe gruppieren. Augenscheinlich vorbei waren die Zeiten beengter Hinterhöfe, in denen es kaum Sonnenlicht gab. Das mittlerweile nach seinem Architekten benannte Jacobsen-Viertel ist unverkennbar geprägt von den Erfahrungen des noch jungen Bauhauses. Architekturkritiker ordnen es dem Neuen Bauen zu. Klare, geometrische Formen dominieren. Die

Der Bösenberg-Brunnen steht in der Neuendorfstraße.

Um das Jahr 2000 war das Viertel zum Abriss vorgesehen. Dann aber wurden die kommunalen Blocks an einen privaten Investor verkauft sowie aufwändig saniert.

Innenräume sind zwar klein, aber zweckmäßig geschnitten. Rund 300 Familien zogen hier ein.

Bauherr war die von dem Unternehmer Hermann Bösenberg gegründete Wohngemeinschaft Erfurt GmbH. Ihm zu Ehren setzte der Architekt in einen Vorgarten der Neuendorfstraße einen steinernen Brunnen. Wohin auch das Auge schaut, entdeckt es an ihm klare Kanten und gerade Flächen. Die vieleckige, emporstrebende Mittelsäule wird von einem Oktaeder gekrönt. Je nach Gusto lässt sich der Brunnen als Art Deco interpretieren, als Neues Bauen oder schlicht und einfach als ein unverkennbares Statement des Architekten. Dieses Wasserspiel ist nicht einfach nur ein spielerisches Element. In ihm verschmilzt vielmehr der gesamte Reformgedanke des Quartiers: Auch an vermeintlich schlechten Standorten lässt sich inspiriert und menschenwürdig bauen.

Das Jacobsen-Viertel steht unter Denkmalschutz. Es zu erkunden, ist noch immer ein wahrer Geheimtipp für Einheimische wie Touristen.

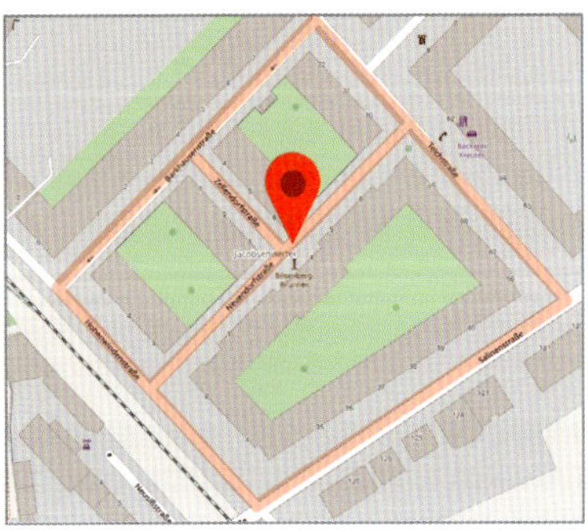

Das Jacobsen-Viertel umfasst folgende Straßen, teilweise bzw. komplett: Hohenwindenstraße, Salinenstraße, Teichstraße, Barkhausen-Straße, Neuendorfstraße, Zellendorfstraße (hellrot markiert)
99086 Erfurt

21| Daberstedt
Die Ofenbauer von Auschwitz

„Stets gern für Sie beschäftigt …" So steht es in meterhohen Lettern an einem ehemaligen Fabrikgebäude nahe dem Hauptbahnhof. Tausende fahren hier mit dem Zug oder dem Auto vorbei. Der Spruch klingt nur auf den ersten Blick vielversprechend. Auf den zweiten Blick offenbart sich ein schwarzes Kapitel der Erfurter Geschichte.

Der 16. April 1945 hat sich wie wenige andere Tage in das kollektive Gedächtnis Thüringens eingebrannt. Fünf Tage zuvor war das Konzentrationslager Buchenwald befreit worden. Nun konfrontierte die US-Armee die Öffentlichkeit mit dem Grauen des Lagers. 1000 Bürger aus Weimar mussten das KZ besichtigen. Die Soldaten führten sie durch die Häftlingsbaracken, vorbei an Leichenbergen sowie ins Krematorium. In dessen Öfen befanden sich noch immer menschliche Gebeine. Wer sich nicht erschüttert abwandte, konnte auf den Öfen den Schriftzug „Topf" lesen. Das Signet verweist nach Erfurt, hin zu einem vermeintlich braven Familienunternehmen. „J. A. Topf & Söhne" hatte eine maßgebliche Rolle bei der technischen Realisierung des Massenmordes der Nationalsozialisten gespielt.

Während ein Großteil des einstigen Firmengeländes 2009/10 abgerissen wurde, blieb das Verwaltungsgebäude erhalten. Es steht am Erfurter Sorbenweg. Der Schriftzug „Stets gern für Sie beschäftigt …" wurde allerdings erst vor wenigen Jahren hinzugefügt. Er macht die Ambivalenz des mittlerweile als Geschichtsmuseum eingerichteten Ortes deutlich. Er provoziert. Er regt zum Nachdenken an. Er wirft die Frage nach der Verantwortung des Einzelnen auf. Letztlich geht's

Das einstige Verwaltungsgebäude von „Topf & Söhne“ wurde zum Geschichtsmuseum umgestaltet. Der Eintritt ist kostenfrei.

um die seit Kriegsende immer wieder aufs Neue diskutierte Frage nach Mittätern und Mitwissern. „Stets gern für Sie beschäftigt …" – das Zitat entstammt einem im Außenbereich des Museums ausgestellten Schreiben. Mit dieser Grußformel unterschrieb „Topf & Söhne" am 2. Februar 1943 einen Brief an die zentrale Bauleitung der Waffen-SS in Auschwitz. Die Erfurter Firma teilte mit, dass sie ihren Oberingenieur Kurt Prüfer „wegen umfangreicher ganz vordringlicher Bauarbeiten" nach Auschwitz entsenden werde.

Umfangreiche sowie vordringliche Arbeiten. Nichts anderes war damit gemeint als das Schaffen technischer Voraussetzungen für den Holocaust. Das Erfurter Unternehmen konstruierte Gebläse für die Gaskammern und lieferte Verbrennungsöfen für die Krematorien. Immer wieder und wieder reisten der Oberingenieur und weitere Mitarbeiter nach Auschwitz sowie in andere Konzentrationslager. Das heutige Geschichtsmuseum erzählt mit Hilfe zahlreicher Dokumente, dass die Firma „Topf & Söhne" kein willfähriger Befehlsempfänger der SS war. Die Erfurter Firma trat vielmehr als selbstbewusster Geschäftspartner auf.

Dabei hatte anno 1889 alles äußerst harmlos begonnen. Firmengründer J. A. Topf erwarb im Stadtteil Daberstedt ein Industriegelände und baute seine elf Jahre zuvor gegründete Bauunternehmung kontinuierlich aus. In den ersten Jahrzehnten stellten die Erfurter vor allem Mälzerei-Anlagen sowie Silos her. 1914 kam der Bau von Krematorien hinzu. Um 1930 war „Topf & Söhne" bereits Marktführer in diesem Bereich. Ab 1939 kooperierte die Firma mit der für die Konzentrationslager zuständigen SS. „Topf & Söhne" konstruierte und baute zunächst Krematorien für die KZ Dachau und Buchenwald.

Schließlich erhielt die Firma den Auftrag, die Krematorien für das Vernichtungslager Auschwitz-Birkenau zu bauen. Die Ingenieure stürzten sich mit Eifer in die Aufgabe. Kurt Prüfer entwarf den als besonders leistungsstark geltenden Dreimuffel-Ofen. In jeder Muffel (Brennkammer) konnten gleichzeitig zwei bis acht Leichen verbrannt werden. Sein Kollege Fritz Sander drängte sogar darauf, einen Ofen zum Patent anzumelden, bei dem Leichen wie am Fließband kontinuierlich zugeführt werden sollten. Er versprach sich davon sowohl eine schnellere Verbrennung als auch einen geringeren Energiebedarf. Der heutige Erinnerungsort zitiert aus einem Schreiben Sanders: „Damit bin ich mir vollkommen klar darüber, dass ein solcher Ofen als reine Vernichtungs-Vorrichtung anzusehen ist, dass also die Begriffe Pietät, Aschetrennung sowie jegliche Gefühlsmomente vollständig ausgeschaltet werden müssen."

Firmenschild von „Topf & Söhne". Das Emblem prangt auch auf Verbrennungsöfen im KZ Buchenwald.

Wie viele Menschen in Öfen von „Topf & Söhne" verbrannt wurden, ist nicht exakt überliefert. Allein in Auschwitz-Birkenau fanden mindestens 1,1 Millionen den Tod. Darüber hinaus hatte sich die Erfurter Firma in Buchenwald, Dachau, Mauthausen, Gusen, Mogilev und Groß-Rosen als Techniker an dem nationalsozialistischen Menschheitsverbrechen beteiligt.

Am 27. Januar 1945 befreite die Rote Armee das Lager Auschwitz. Seit 1996 gedenkt Deutschland an diesem Tag der Opfer des Nationalsozialismus. Am 27. Januar 2011 wurde der Erinnerungsort in Erfurt eröffnet.

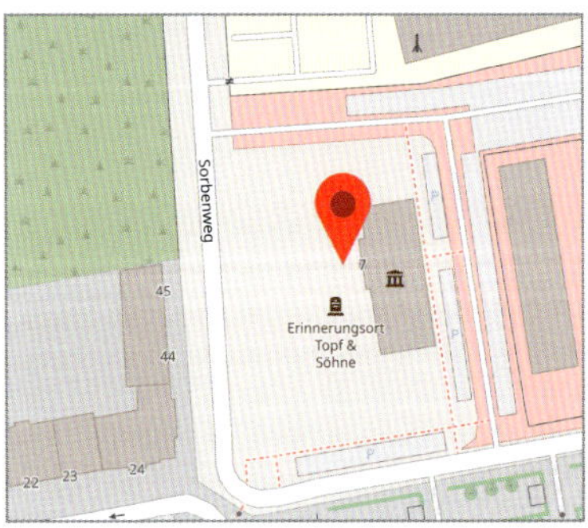

Erinnerungsort „Topf & Söhne"
Sorbenweg 7
99099 Erfurt

22 | Altstadt
Gevatter Tod dirigiert die Bomber

Sommer für Sommer strömen Abertausende in die Ruine der Barfüßerkirche. Unter freiem Himmel werden Stücke von Shakespeare gegeben. Das wahre Drama, das sich mit diesem Gotteshaus verbindet, ereignete sich 1944. Sie wurde bei einem Luftangriff weitgehend zerstört. Nur wenige Schritte von der Barfüßerkirche entfernt befindet sich Erfurts einziger originalgetreu erhaltener Luftschutzraum. Er kann ebenso besichtigt werden wie jener Keller im Augustinerkloster, in dem 267 Menschen starben. Dennoch hatte Erfurt gewissermaßen Glück: Die Stadt blieb entgegen alliierten Planungen von einem Flächenbombardement verschont.

„Alarm in der Kaserne. Das Kloster ist von Bomben schwer getroffen worden. Im Keller sollen sich viele Leute aufgehalten haben. Alles ist zusammengefallen und eingestürzt." So beschreibt der 17-jährige Ernst Meyer einen dramatischen Rettungseinsatz im Erfurter Augustinerkloster. Wer heutzutage den einstigen Luftschutzraum im Kloster besucht, wird mit seinem Augenzeugenbericht konfrontiert. Meyers Schilderung ist Teil des Erinnerungsortes; sie lässt sich auf einer Tafel nachlesen.

Am Abend des 25. Februar 1945 hatten zwei britische Luftminen das Kloster getroffen. Eine schlug genau über jenem Keller ein, der sich unter dem historischen Bibliotheksgebäude befand. Gemeinsam mit anderen Panzergrenadieren grub sich Ernst Meyer durch meterdicken Schutt. „Da sind die Toten. Sie sitzen an den Seiten auf Bänken, zumeist Tücher vor dem Mund, um den Kalkstaub abzuwehren. (...) Der Staub hat sich über sie gelegt wie ein weißes Leichentuch. Da sind so

Das Kirchenschiff der Barfüßerkirche wurde zerstört. Im Sommer gastiert hier ein Theaterprojekt.

viele Frauen, alte Leute und auch Mütter, die versucht haben, ihre Kinder mit ihrem Körper zu schützen." Der Schutzraum war zur tödlichen Falle geworden. 267 Tote zählte der Trupp. Das jüngste Opfer war drei Monate alt, das älteste 83 Jahre. Lediglich ein Mädchen und ein Hund hatten den Bombentreffer überlebt.

2004 fiel die Entscheidung, das Bibliotheksgebäude an gleicher Stelle wieder aufzubauen. Sechs Jahre später konnte Einweihung gefeiert werden. Seither sorgt die Architektur immer wieder für staunende Besucher. Der Neubau verbindet die Ruine des historischen Gebäudes mit modernen Glas- und Kalksteinfassaden. Als

Besonderheit verfügt die Bibliothek über freistehende Außenwände. Der Bau scheint regelrecht über den Bruchsteinmauern des Luftschutzkellers zu schweben. Wie ist das möglich? Das Haus steht auf kaum sichtbaren Bohrpfählen; sie reichen durch die Jahrhunderte alten Fundamente in die Tiefe des Baugrunds.

Wir laufen zur Rückseite des Gebäudes. Von hier aus führt eine Treppe hinab in den früheren Luftschutzkeller. Er ist inzwischen ein Ort der Stille. Gedämpftes Licht erhellt den fast saalgroßen Raum. Man könnte meinen, eine Krypta zu betreten. An den Seiten stehen schlichte Infotafeln. Jedes der Opfer wird auf ihnen namentlich erwähnt. Mitunter sind es ganze Familien, die dem Angriff zum Opfer gefallen sind. Bis zu sieben Mal tauchen identische Familiennamen auf – von A wie Albert bis Z wie Zitz.

Auch ein Nagelkreuz ist hier ausgestellt. Es besteht aus Nägeln der Kathedrale im englischen Coventry, die deutsche Bomber 1940 zerstört hatten. Nagelkreuze besitzen einen hohen ideellen Wert. Sie sind ein internationales Symbol für Frieden und Versöhnung. Jeden Freitag um 12 Uhr wird am Ort der Stille die Litanei von Coventry gebetet. „Das Streben der Menschen und Völker, zu besitzen, was nicht ihr eigen ist, Vater, vergib", heißt es darin. Allerdings können wir im Augustinerkloster nur noch vor einer Kopie verharren. Das ursprüngliche Kreuz haben Unbekannte im Juli 2020 gestohlen.

Wie aber sah es in den 1940er Jahren in diesem und in anderen Luftschutzkellern aus? Nicht nur historische Fotos vermitteln davon einen Eindruck. Wer mag, kann sich während einer Führung selbst einen Eindruck verschaffen. Die Tour beginnt im Hof des ehemaligen Wigbertiklosters. Während der Innenhof tagsüber frei zugänglich ist, muss man sich für Keller-Führungen im Stadtmuseum anmelden. Dann heißt es, die Köpfe einzuziehen. Der Weg in den Luftschutzkeller führt über eine schmale Treppe und einen niedrigen Gang. Selbst bei Dunkelheit können wir uns zurechtfinden. Wie eh und je befinden sich fluoreszierende Farbstreifen an den Wänden. Sie führen zu einer massiven Stahltür. „Schutzraum" steht darauf und „50 Personen". Das dahinter befindliche Gewölbe blieb als einziger von einst 70 Erfurter Luftschutzkellern weitgehend original erhalten. Zur Ausstattung gehören zwei genormte Betten, eine Luftschutz-Hausapotheke sowie ein Exhaustor nebst Kurbelantrieb. Der Apparat diente dazu, Frischluft in das enge Gewölbe zu saugen.

Wir treten wieder heraus aus dem Schutzraum und verlassen den Wigbertihof. Linkerhand steht die Ruine der Barfüßerkirche. Sie ist die letzte, klar erkennbare Wunde des Luftkriegs in Erfurt. In der Nacht zum 27. November 1944 detonierte

Impressionen aus dem Luftschutzraum im ehemaligen Wigbertikloster

Der Luftschutzkeller im Augustinerkloster ist ein Ort der Stille. Hier starben 267 Menschen.

eine britische Luftmine in dem Straßenzug. Die Explosion zerstörte die kleinteilige Bebauung und ließ das Kirchenschiff einstürzen. Bereits in der vorherigen Nacht waren Bomben auf die nahegelegene Schlösserbrücke gefallen. Beiden Angriffen fielen 71 Menschen zum Opfer.

Unmittelbar nach dem Krieg schuf der Erfurter Hans Walther ein fünfteiliges Relief namens „Totentanz". Es gehört zur Sammlung des Kunstmuseums am Anger. Eines der Reliefs zeigt die Zerstörung der Barfüßerkirche. Wir sehen im Vordergrund den als Skelett personifizierten Tod. Er dirigiert mit seinen Armen die Bomber am Himmel. Wer genauer hinschaut, erkennt: Die das Verderben bringenden Flugzeuge haben Menschengestalt.

Auf Erfurt gab es 27 Bombenangriffe der Briten und Amerikaner. Dabei verloren etwa 1600 Menschen ihr Leben. Auf dem Hauptfriedhof sind zwei Mahnmale „Den Opfer des Bombenterrors aus dem Zweiten Weltkrieg" bzw. „Den Opfern des Bombenkrieges" gewidmet. Die ersten Angriffe hatten sich 1940 ereignet. Außerdem wurde die Stadt 1945 von Tieffliegern attackiert.

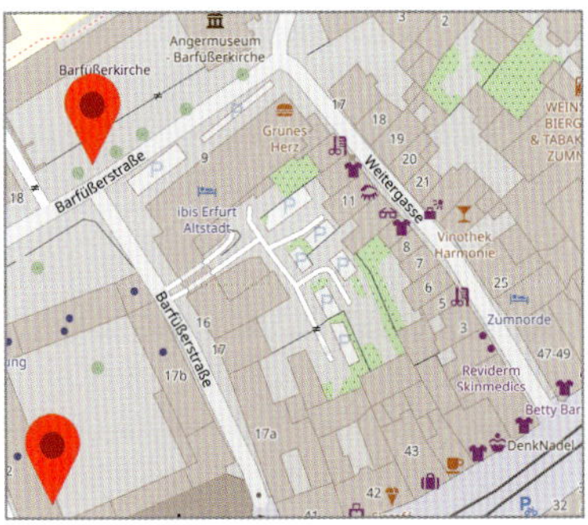

Luftschutzkeller und Barfüßerkirche
Barfüßerstraße
99084 Erfurt
Der Keller ist während Führungen zugänglich. Anmeldung über das Stadtmuseum.

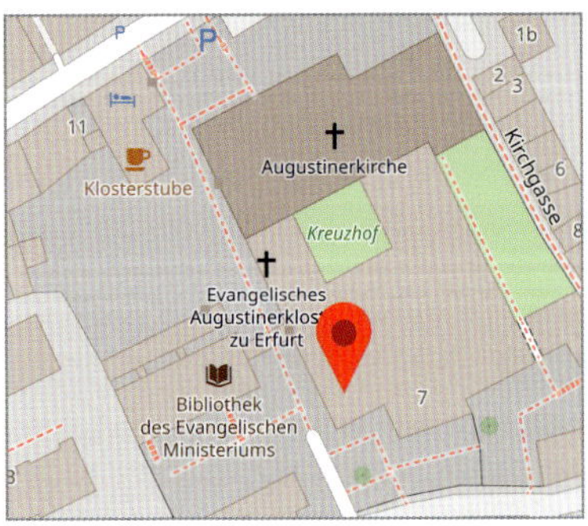

Ort der Stille
Augustinerkloster
Augustinerstraße 10
99084 Erfurt
Der Raum ist tagsüber frei zugänglich.

23 | Andreasvorstadt & Brühlervorstadt
Ermordet von Stalins Geheimdienst

Der Name Paul Schäfer verbindet sich für viele Menschen mit Erinnerungen an die DDR. Der größte Schuhhersteller des Landes, die VEB Schuhfabrik in Erfurt, war nach dem Kommunisten benannt. Auch im Erfurter Ehrenhain für die Verfolgten des Naziregimes wurde er verewigt. Dort ist als Sterbedatum 1937 angegeben. Unterdessen hängt an Schäfers Wohnhaus eine irritierende Tafel. Sie gibt 1938 als sein Todesjahr an. Dazu stehen zwei widersprüchliche Aussagen. „Im Kampf gegen den Faschismus gab er sein Leben" sowie „Hingerichtet unter Stalin vom sowjetischen Geheimdienst in Moskau". Wie passt das zusammen?

Vorbereitung zum Hochverrat. Am 13. Mai 1938 stellte der Oberreichsanwalt beim Volksgerichtshof einen Suchvermerk für Paul Schäfer aus. Das rotfarbene Formular ist das älteste bekannte Dokument, das die Verfolgung des Erfurters durch die Nazis belegt. Was damals nur ein sehr kleiner Kreis kommunistischer Funktionäre wusste: Paul Schäfer befand sich zu diesem Zeitpunkt längst in Haft. Zwei Monate zuvor war der in die Sowjetunion emigrierte Kommunist vom dortigen Geheimdienst NKWD verhaftet worden. Am 17. Mai verurteilte ihn ein NKWD-Gremium zum Tode. Für den angeblichen Spion gab es keine Gnade. Er wurde am 26. Juli 1938 nahe Moskau erschossen und in einem Massengrab verscharrt.

Die Jahre 1936 bis 1938 gingen als Zeit des Großen Terrors in die Geschichte ein. Während dieser politisch motivierten Aktion wurden rund 700.000 Menschen in der Sowjetunion hingerichtet, darunter mehr als 40.000 Deutsche und

Paul Schäfer wohnte 1930/31
im Schobersmühlenweg 30.

Deutschstämmige. Bereits der sehr dehnbare Vorwurf, antisowjetische Propaganda zu betreiben, reichte für eine Verurteilung aus. Noch dazu mussten Spionagevorwürfe nicht konkret nachgewiesen werden. Es reichte aus, staatsfeindliche Handlungen zu vermuten.

Die letzten Tage im Leben des Paul Schäfer stehen im krassen Widerspruch zu dem, was Generationen von Erfurtern immer wieder aufs Neue erzählt bekommen haben. Bereits kurz nach Kriegsende verbreitete sich die Geschichte, der ehemalige Schuharbeiter sei 1937 als Freiwilliger im Spanischen Bürgerkrieg gefallen. Doch die sich widersprechenden Details hätten stutzig werden lassen müssen. Mal starb er angeblich als Offizier einer Panzereinheit. Mal sei er während einer Patrouille von italienischen Faschisten erschossen worden. Historiker konnten die Legendenbildung zurückverfolgen bis 1945. Sie stießen in einem Rentenantrag von Schäfers Witwe auf einen entsprechenden Bearbeitungsvermerk.

Die Geschichte des Paul Schäfer verlangt danach, von Anbeginn an erzählt zu werden. Er wurde 1894 in Erfurt geboren. Die Identität des Vaters ist unbekannt. Seine Mutter Marie war ledig und Schuharbeiterin. Die Schäfers lebten im Erfurter Norden. Paul trat als Kind dem Arbeiter-Turnverein bei. Nach Abschluss der Volksschule ergriff auch er den Beruf des Schuhmachers. Schon bald engagierte sich Schäfer politisch. 1919 wurde er Mitglied der gerade erst gegründeten Kommunistischen Partei Deutschlands (KPD). Außerdem war er Betriebsrat in der seinerzeit größten Schuhfabrik der Stadt, der Lingel AG. Eine Bilderbuchkarriere als kommunistischer Funktionär folgte. Paul Schäfer bewährte sich als Agitator, organisierte Streiks, wurde zwischenzeitlich inhaftiert und zum Stadtverordneten gewählt.

1925 reiste er als Mitglied einer Arbeiter-Delegation erstmals in die Sowjetunion. Nach ihrem sechswöchigen Aufenthalt unterzeichneten alle Reisenden eine Erklärung. Darin heißt es: „Die entscheidende und für die deutsche Arbeiterklasse wichtigste Frage war: Ist Sowjetrußland wirklich ein Staat, in welchem die Prinzipien von Marx und Engels in die Tat umgesetzt sind; hat die Arbeiterklasse wirklich die Macht in den Händen; oder übt eine kleine Clique eine Diktatur über ein Millionenvolk aus?" Schließlich bescheinigte die Delegation dem von Stalin geführten Land, dass hier „politisch die freieste Arbeiterklasse der ganzen Welt" lebt.

Nach der Machtergreifung der Nationalsozialisten ging Paul Schäfer in die Illegalität. 1935 emigrierte er über Paris in die Sowjetunion. Schon bald erlebte er hier den stalinistischen Terror sowie die ersten großen Schauprozesse mit. Betroffen von der Verfolgung war auch ein Großteil der in die Sowjetunion geflohenen deutschen Kommunisten. Am 10. März 1938 wurde Schäfer verhaftet.

Hat wirklich kaum jemand von seinem wahren Schicksal gewusst? Doch, zahlreiche Funktionäre waren nicht nur informiert, sondern sogar an Schäfers Verfolgung zumindest indirekt beteiligt. So gehörte es zur Praxis des Terrors, dass die Namen der deutschen Verhafteten an die sich ebenfalls im Exil befindende KPD-Führung übermittelt wurden. Diese wiederum schloss die Opfer schnurstracks aus der Partei aus. Auch Paul Schäfers Name sowie eine Auflistung seiner politischen Karriere finden sich in einer damals erstellten Ausschlussliste wieder. „Einverstanden" steht handschriftlich darunter. Unterschrieben haben unter anderem der spätere DDR-Präsident Wilhelm Pieck sowie der spätere SED- und Staatschef Walter Ulbricht. Für sie war Paul Schäfer alles andere als ein Fremder. Sie kannten ihn persönlich.

Zu Beginn der 1950er Jahre wurden die in Erfurt ansässigen Schuhhersteller unter einem Dach zu einem volkseigenen Betrieb zusammengeführt. Ab 1953 firmierten sie als VEB Schuhfabrik Paul Schäfer. Spätestens zu diesem Zeitpunkt bestand seitens der DDR-Machthaber keinerlei Interesse mehr, sein wahres Schicksal zu offenbaren. Zu gut passte die Geschichte des ehemaligen Schuharbeiters, der die Sowjetunion als seine politische Heimat betrachtet hatte, ins neue Gesellschaftsbild.

Dabei hatte schon 1940 ein sowjetischer Militärstaatsanwalt ermittelt, dass die Spionage-Vorwürfe gegen Schäfer haltlos waren. Doch erst mit der Perestroika unter Michail Gorbatschow gelangte die Wahrheit an die Öffentlichkeit. 1989 wurde der Erfurter in Moskau rehabilitiert. Noch sollte es drei weitere Jahrzehnte dauern, ehe Schäfers Leben gemeinsam von hiesigen Historikern und Familienmitgliedern erforscht wurde. 2018/19 gestalteten sie eine Ausstellung unter dem Titel „Die zwei Tode des Paul Schäfer". In deren Folge wurde auch die an seinem Wohnhaus (Schobersmühlenweg 30) befindliche Gedenktafel ergänzt. Seit DDR-Zeiten war darauf zu lesen: „Im Kampf gegen den Faschismus gab er sein Leben". Nun wurde zusätzlich der Hinweis angebracht: „Hingerichtet unter Stalin vom sowjetischen Geheimdienst in Moskau". Die offenkundige Widersprüchlichkeit ist Absicht. Sie zeigt die historischen Brüche auf und soll zum kritischen Nachfragen anregen.

Die Inschrift am Mahnmal für die Verfolgten des Naziregimes – auf dem Hauptfriedhof – blieb dagegen unverändert. Sie nennt weiterhin das falsche Sterbejahr 1937 statt 1938. Außerdem gibt es seit DDR-Zeiten eine nach Paul Schäfer benannte Straße im Erfurter Norden.

Die zu DDR-Zeiten angebrachte Gedenktafel wurde 2019 um die wahren Todesumstände ergänzt.

Auf dem Hauptfriedhof wird an Antifaschisten wie Paul Schäfer erinnert. Das Todesjahr 1937 stimmt nicht. Er wurde 1938 ermordet.

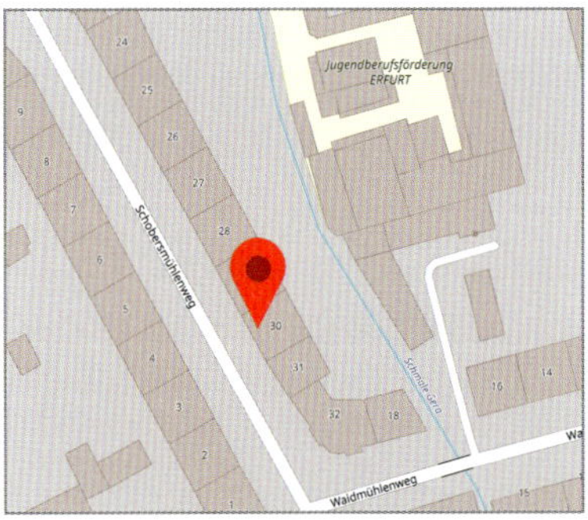

Ehemaliges Wohnhaus
Schobersmühlenweg 30
99089 Erfurt

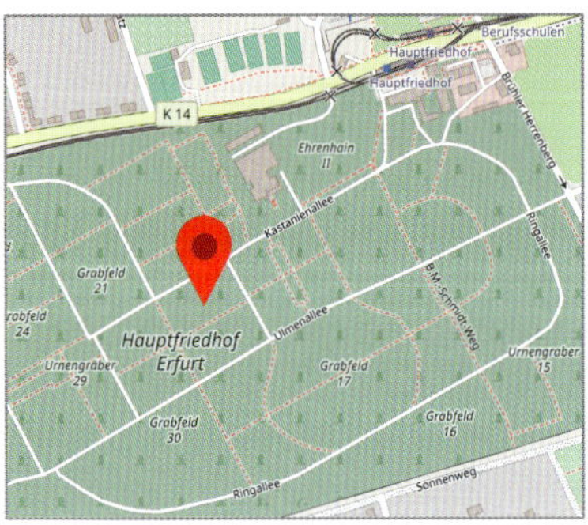

Hauptfriedhof
Binderslebener Landstraße 75
99092 Erfurt

24 | Löbervorstadt
Die Eierkiste

1950/51 entstand das erste Hochhaus Erfurts. Schon bald war verächtlich von einer Eierkiste die Rede. Der mittlerweile liebevoll gemeinte Spitzname geht auf einen weithin unbekannten, spitzzüngigen Dialog zurück.

Sie dauern doppelt so lang wie geplant und sind dreimal so teuer. Nur noch selten gelingt es, bei öffentlichen Bauprojekten sowohl Zeiten als auch Kosten in den Griff zu bekommen. Im Vergleich dazu mutet die Baugeschichte des ersten Erfurter Hochhauses rekordverdächtig an. 1950 wurde ein Architekturwettbewerb für den Sitz des Ministerpräsidenten und des Thüringer Landtags ausgelobt. Bereits im Mai 1950 begann der Aushub der Baugrube. Die Schlüsselübergabe des zehngeschossigen Gebäudes erfolgte am 4. August 1951.

Alsbald setzte eine Kampagne gegen das Hochhaus und seinen Architekten Egon Hartmann ein. Die Kritik wurde insbesondere durch Funktionäre der SED und die Presse befeuert. Hartmann wurde vorgeworfen, er würde den Amerikanismus in die Landeshauptstadt holen. Die streng geometrische Kubatur zeige, dass er ein Formalist sei und keine Traditionen pflege. Der Streit kulminierte in einem Gespräch mit Hans Hopp. Der Direktor des Berliner Instituts für Hoch- und Städtebau hielt ihm vor: „Wenn ich etwas blinzle, dann sieht Ihr Hochhaus aus wie eine Eierkiste." Hartmann reagierte schlagfertig: „Herr Professor, wenn ich etwas blinzle, dann sieht Ihr Anzug aus wie ein Sack."

Tatsächlich hatte der Architekt die Fassade klar und nüchtern strukturiert. Von Amerikanismus kann dennoch keine Rede sein. Der 1919 geborene Architekt stand vielmehr in der Tradition des im gleichen Jahr in Weimar gegründeten Bauhauses. Pikant war der Eierkisten-Streit auch, da er mit einem weiteren Höhepunkt in Hartmanns Schaffen zusammenfiel. 1951 gewann der Architekt den ersten Preis im Wettbewerb zur Gestaltung der Berliner Stalinallee. Letztlich durfte er aber nur zwei Blöcke entlang der Magistrale bauen. Zum maßgeblichen Gestalter der Allee erkoren die Machthaber den jovialen Hermann Henselmann aus. Das erste von ihm in Berlin errichtete Hochhaus „An der Weberwiese" war 1952 bezugsfertig. Die Fassade seines neungeschossigen Gebäude erinnert stark an die Erfurter Eierkiste. Dennoch wurde der Bau öffentlich in höchsten Tönen gepriesen – als Hommage an Schinkels Klassizismus. Selbst der Dramatiker Bertolt Brecht sprach vom Wohlgefallen, das diese Architektur auslösen würde.

Egon Hartmann erhielt 1952 den Nationalpreis I. Klasse der DDR. Zeitgleich mit ihm wurde Hanns Hopp ausgezeichnet, also jener Mann, der ihm den Eierkisten-Vergleich an den Kopf geworfen hatte. Hartmann verließ zwei Jahre später die DDR. Er wirkte fortan in Mainz und München. Sein Erfurter Hochhaus wurde 1998/99 aufwändig saniert. Es beherbergt Büros des Thüringer Landtags.

An der Südseite der Eierkiste hat jedes Büro einen eigenen, kleinen Balkon. Das Raster wird durch den Schattenwurf besonders betont.

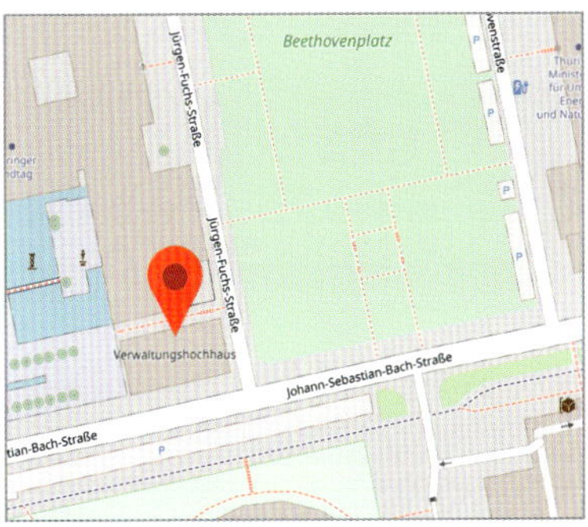

Hochhaus des Thüringer Landtags
Jürgen-Fuchs-Straße /
Johann-Sebastian-Bach-Straße
99096 Erfurt

25 | Altstadt & Löbervorstadt
Schwarze Stube, Fegefeuer und Gestapo-Keller

Ab ins Gefängnis! Wer sich auf eine Zeitreise zu Erfurts Haftanstalten begeben möchte, sollte nicht nur in der Gedenkstätte Andreasstraße verweilen. Dieser besondere Spaziergang durch die Stadt und ihre Geschichte beginnt vielmehr am Fischmarkt sowie vor mehr als 500 Jahren. Er hat vier Stationen, und er ist nichts für zartbesaitete Menschen.

Station 1 / Fischmarkt

Das Tolle Jahr – unter diesem doppeldeutigen Namen gingen die Ereignisse von 1509/10 in die Stadtgeschichte ein. Erfurt litt seit längerem unter Geldnöten, nun aber war die Stadt zahlungsunfähig. Prompt stürmten Bürger das Rathaus und verlangten Rechenschaft vom Stadtoberhaupt Heinrich Kellner. Einige Wochen später wurde er verhaftet, gefoltert sowie hingerichtet.

Im Festsaal des Rathauses erinnert ein Wandgemälde an diese aufrührerischen Zeiten. Es zeigt den Patrizier Heinrich Kellner inmitten aufgebrachter Bürger. Kellner war Obervierherr, er übte nach heutigem Verständnis das Amt des Oberbürgermeisters aus.

An diesem 9. Juni 1509 forderten ihn die Erfurter auf, den finanziellen Ruin der Gemeinde zu erklären. Daraufhin zeigte der Obervierherr auf sich selbst und rief: „Wer ist die Gemeinde? Hier steht die Gemeinde!" Genau diese Szene führt uns das Wandbild vor Augen.

Kellners Selbstherrlichkeit besiegelte sein Schicksal. Als Obervierherren jagten ihn die Bürger aus dem Rathaus – und ebenda kerkerten sie ihn ein. Die städtischen Gefängniszellen befanden sich zu jener Zeit genau hier. Besichtigen kön-

Heinrich Kellner steht im Mittelpunkt eines Wandgemäldes im Erfurter Rathaus. Das damalige Stadtoberhaupt wurde 1509/10 im Verlies des Rathauses eingekerkert.

nen wir sie allerdings nicht mehr. Das heutige Rathaus ist ein Neubau aus dem 19. Jahrhundert. Vom Vorgänger blieben nur einige Fassadenelemente erhalten.

Zumindest in alten Chroniken können wir noch stöbern. Sie berichten, dass Kellner zunächst in die Vitikirche in der heutigen Regierungsstraße geflüchtet war. Das Gotteshaus existiert ebenfalls nicht mehr. Es wurde 1809 abgerissen. Nach acht Wochen lockte man den Patrizier unter falschen Versprechen aus dem Kirchenasyl und sperrte ihn monatelang in die schwarze Stube. So hieß das Verlies im Rathaus. Gleich nebenan war die Folterkammer, die schwarze Dornzen bzw. Dörnse. Hier musste Kellner unsägliche Qualen über sich ergehen lassen. Schließlich legte er ein umfängliches Geständnis ab und bezichtigte sich selbst der Untreue.

Am Veitstag des Jahres 1510 – nach heutigem Kalender am 28. Juni – machte man Kellner einen Schauprozess auf dem Fischmarkt. Im Anschluss bereitete ihm der Scharfrichter vor den Toren der Stadt ein jämmerliches Ende. Er ließ Kellner mehrmals vom Galgen stürzen.

Nach seinem Tod diente das Rathaus weiterhin als Haftanstalt. Die leichteren Fälle, die mitunter nur einige Tage zu verbüßen hatten, sperrte man im sogenannten Fegefeuer ein. Diese Arreststube grenzte direkt an die Wachstube der Portiers an. Außerdem nutzte die Stadt noch bis in die erste Hälfte des 19. Jahrhunderts einen Anbau des Rathauses „als Straf-, Verwahrungs- und Sicherheitsanstalt für angeschuldigte oder überwiesene Verbrecher aus dem gemeinen Bürger- oder Bauernstande".

Station 2 / Michaelisstraße 30

Ortswechsel. Seitlich des Rathauses beginnt die Michaelisstraße. Heutzutage ist sie Erfurts Kneipenmeile. Im 19. Jahrhundert befand sich hier auch ein ganz anderes Lokal – ein „Gefängnislocal". Zumindest Mauerreste haben die Zeitläufe überdauert. Sie stehen im Hinterhof des Gebäudekomplexes an der Ecke der Michaelisstraße zur Augustinerstraße. Zwei Geschosse ragen empor, die Fensterhöhlen sind wie eh und je vergittert. Wer die Ruine bestaunen möchte, nähert sich idealerweise über das frei zugängliche Grundstück der Georgenburse (Augustinerstraße 27) an.

Die Ruinen der Haftanstalt in der Michaelisstraße. Sie war bis 1878 in Betrieb.

113 Schuh breit, 32 Schuh tief. So gibt eine zeitgenössische Veröffentlichung die Grundfläche des Zuchthauses an. Das Gebäude maß also rund 9 mal 32 Meter. In der Schrift ist von einer „Strafanstalt für verurtheilte Verbrecher, aufgegriffene Vagabonden und Straßenbettler" die Rede. Auch wenn das Zitat eher harmlos klingen mag: Hier saßen auch die sogenannten harten Jungs ein. Zu ihnen gehörten zum Tode verurteile Mörder. Bis zum Jahre 1850 wurden sie von der Strafanstalt aus von Infanteristen sowie berittenen Truppen zum Richtplatz vor dem Krämpfertor (heutiger Hanseplatz) eskortiert.

Nach einer Reform des preußischen Strafrechts fanden Hinrichtungen nicht mehr öffentlich statt, sondern im Hof der Strafanstalt. 1854 griff der Henker hier erstmals zum Beil. An dieses schaurige Kapitel der Stadtgeschichte erinnert vor Ort zwar keine Hinweistafel. Schilder gibt es dennoch zur Genüge. Genauer gesagt: Autoschilder. Direkt an der Ruine parken Pkw ...

Das Kriminalgefängnis blieb bis 1878 in Betrieb. Dann eröffnete der Neubau in der Andreasstraße. (siehe dazu das Kapitel „Der Stasi-Knast")

Station 3 / Petersberg

Von der Michaelisstraße laufen wir zum Domplatz, vorbei geht's am Stasi-Knast, ehe wir zur Zitadelle Petersberg emporsteigen. Das dort kasernierte Militär nutzte zu allen Zeiten eigene Hafträume. Schon beim Passieren des prächtigen Peterstores stehen wir unvermittelt vor einem ersten Sachzeugen. In dem gewölbeartigen Hauptzugang weist eine massive Holztür darauf hin. Ihre altdeutsche Aufschrift ist weitgehend verblasst: Arrestzelle Nr. 1.

Wenige Meter weiter, auf dem Plateau der Festung, steht das 1913 erbaute Militärgefängnis. Es gehörte binnen weniger Jahrzehnte unter die Oberhoheit verschiedener Institutionen. In den 1920er Jahren dienten das Gebäude sowie das Nachbarhaus als Polizeigefängnis. 1933 richteten die Nationalsozialisten ein Schutzhaftlager ein, in dem sie politische Gefangene einsperrten. Eine an der Fassade befestigte Gedenktafel nennt sechs Antifaschisten, die die Nazis in Erfurt ermordet haben. Von ihnen kamen Fritz Büchner und Fritz Noack auf dem Petersberg zu Tode. An beide erinnert jeweils ein Straßenname in Erfurt. Auch der 14-jährige Gert Schramm war 1943 in diesem Gefängnis eingesperrt worden. Der Sohn eines Afroamerikaners und einer Deutschen besaß im Verständnis der Nazis die falsche Hautfarbe. Auf seiner Häftlingskarte ist der Grund der späteren Überstellung ins KZ Buchenwald unverblümt angegeben: „Politisch –

Das Militärgefängnis auf dem Petersberg diente vielen Institutionen als Haftanstalt.

Arrestzelle Nr. 1 im Hauptzugang der Festung Petersberg

Negermischling 1. Grades". Gert Schramm überlebte die Haft und veröffentlichte im Jahr 2011 seine Autobiografie unter dem Titel „Wer hat Angst vorm schwarzen Mann".

Das Gefängnisgebäude auf dem Petersberg wurde nach dem Zweiten Weltkrieg bis 1963 weiterhin genutzt – nun von der kasernierten Volkspolizei und der Nationalen Volksarmee. In den 1990er Jahren erfolgte der Umbau zum Wohn- und Bürohaus. Der Allgemeinheit steht die einstige Haftanstalt deshalb nicht offen.

Station 4 / Thüringer Landtag

Auch der Schlusspunkt dieses besonderen Spaziergangs durch die Stadt und ihre Geschichte führt zurück in die Zeit des Nationalsozialismus. Vom Petersberg aus laufen wir zum Domplatz und fahren mit der Straßenbahn zum Thüringer Landtag. Die Bahn hält unmittelbar vor dem Parlament in der Arnstädter Straße. Im einstigen Luftschutzkeller des heutigen Abgeordnetenhauses blieb eine von drei Haftzellen der Gestapo erhalten, der Geheimen Staatspolizei.

Der Grundstein des 100 Meter langen Gebäudes war 1936 gelegt worden. 1939 zogen preußische Behörden sowie die Gestapo ein. Von hier aus organisierte das „Judenreferat" ab 1942 die Deportation der Thüringer Juden in Ghettos und Konzentrationslager. Zu diesem Zeitpunkt war die Erfurter Gestapo bereits zur Außendienststelle von Weimar erklärt worden. Im dortigen Marstall entstand das eigentliche Thüringer Gestapo-Gefängnis mit zwölf Einzel- und Gemeinschaftszellen. Die Erfurter Haftzellen wurden aber weiterhin genutzt.

Der Erinnerungsort vermittelt ein weitgehend authentisches Bild der damaligen Zustände. Neu hinzugefügt wurde lediglich eine Audio-Installation mit Zitaten eines Inhaftierten. Die Zelle misst vier Schritte in der Breite und vier in der Länge. Zeitweise waren hier mehr als 20 Menschen gleichzeitig eingepfercht. Obwohl die Wände weiß getüncht sind, ist es in dem Keller beklemmend dunkel. Lediglich durch einen schmalen Fensterschacht fällt etwas Licht herein.

Dieser besondere Erinnerungsort kann im Rahmen von Führungen durch den Thüringer Landtag besichtigt werden.

Im heutigen Abgeordnetenhaus des Landtags residierte ab 1939 die Gestapo. Eine Haftzelle (Bilder links) im Keller blieb als Erinnerungsort erhalten. Raumhohe Gitter teilen sie vom Vorraum ab.

Rathaus
Fischmarkt 1
99084 Erfurt

Haftanstalt
Hinterhof der Ecke Michaelisstraße/
Augustinerstraße
99084 Erfurt

Zitadelle Petersberg
99084 Erfurt

Thüringer Landtag
Jürgen-Fuchs-Straße 1
(Besuchereingang)
99096 Erfurt

Das Rathaus kann wochentags im Rahmen von Führungen sowie am Wochenende individuell besichtigt werden.
Infos zu öffentlichen sowie individuellen Führungen im Thüringer Landtag sind im Internet abrufbar unter: www.thueringer-landtag.de.

26 | Altstadt
Der Stasi-Knast

Wie heißt Erfurts längste Straße? Hinter vorgehaltener Hand hieß es zu DDR-Zeiten: Andreasstraße. Gemeint war nicht die Straße an sich, sondern der dortige Stasi-Knast. Wer einmal hineinging, kam so schnell nicht wieder heraus. Die Geschichte der inzwischen als Gedenkstätte genutzten Haftanstalt reicht bis ins Kaiserreich zurück.

Der gute, alte Dreizylindermotor aus dem Wartburg – er eignete sich zu DDR-Zeiten nicht nur dazu, Autos anzutreiben. 1981 schickte sich in Neudietendorf ein Ingenieur an, in seiner Scheune heimlich ein Leichtflugzeug zu bauen. Dessen Propeller sollte von einem solchen Pkw-Motor auf Touren gebracht werden. Vier Jahre werkelte Guntram Erbe und werkelte, ohne dass Polizei oder Staatssicherheit davon Wind bekamen. Dann aber, anno 1985, gab er das Vorhaben auf, gemeinsam mit seiner Frau durch die Luft in die Bundesrepublik zu fliehen. Die Familie stellte stattdessen einen Ausreiseantrag. Um den Vorgang zu beschleunigen, wandte sich Guntram Erbe per Brief sowohl an den Landesbischof Werner Leich als auch an Bundeskanzler Helmut Kohl. Die seitens der DDR-Machthaber unerwünschte Kontaktaufnahme blieb nicht unbemerkt. Alsbald fand sich der Ingenieur im Erfurter Stasi-Gefängnis wieder. 1988 wurde er vom Westen als politischer Häftling freigekauft; seine Frau durfte ihm in die Bundesrepublik folgen.

Die abenteuerlich anmutende Geschichte des Guntram Erbe ist einer jener gebrochenen Biografien, die die heutige Gedenkstätte Andreasstraße erzählt. In einer der Zellen ist sogar das einzige erhalten gebliebene Bauteil des Flugzeugs zu sehen. Die Herstellung des Propellers aus Eschenholz war derart anspruchsvoll, dass Erbe es nicht übers Herz gebracht hatte, auch ihn 1985 zu zerstören.

Zellentrakt im Stasi-Knast

Der Rundgang durch den Stasi-Knast beginnt in der oberen der drei Etagen. Der Zellentrakt ist weitgehend unverändert erhalten geblieben. Hölzerne Tische und Schemel stehen in den Zellen, schlichte Pritschen sowie Stockbetten. Nur den Teppichboden im Flur, den gibt es nicht mehr. Er sollte die Schritte der Wachleute dämpfen, damit die Häftlinge möglichst nicht merken, dass sie beobachtet und belauscht werden. Alle fünf bis acht Minuten spähte tagsüber ein Wächter durch den Türspion. Nachts waren es nur noch drei Kontrollen pro Stunde. Dann schalteten die Wachleute das Licht an, um die Liegeposition zu kontrollieren. Nur wer auf dem Rücken sowie mit den Händen auf der Decke schlief, verhielt sich vorschriftsgemäß. Völlig zu Recht sprechen die Betreiber der Gedenkstätte von einer totalen Überwachung.

5.523 Frauen, Männer und Jugendliche waren zwischen 1952 und 1989 im Stasi-Knast inhaftiert. Allein 1989 saßen hier 55 Frauen sowie 245 Männer ein. Die Mehrzahl dieser Menschen hatte vergeblich versucht, aus der DDR zu fliehen.

Die Mauer wurde erst im Zuge der Umnutzung der Haftanstalt als Gedenkstätte sowie Bürogebäude großflächig aufgebrochen.

Ein- und Ausblick. Die engen sowie karg möblierten Zellen verfügen nur über kleine Fenster.

Auch der politische Protest war eine häufige „Straftat", die den Häftlingen vorgeworfen wurde.

Wie hat die SED-Diktatur funktioniert? Was sind die politischen Hintergründe? Was waren das für Menschen, die in Konflikt mit der Staatsmacht gerieten? Darum geht es in der zweiten Etage der Gedenkstätte. Zeitzeugen wie Guntram Erbe stehen im Mittelpunkt der modern gestalteten Präsentation.

Rekapitulieren wir. Die 3. Etage führt das Schrecken der Haft vor Augen, während die 2. Etage den Einfluss der SED-Diktatur auf das Leben der Menschen thematisiert. Auf dem Weg ins Erdgeschoss geht die Zeitreise weiter. Nun gerät die friedliche Revolution von 1989/90 in den Fokus. Sie macht sich in Erfurt vor allem am 4. Dezember 1989 fest. Damals besetzten mutige Bürger die Erfurter Stasi-Zentrale. Deren Gebäude befand sich gleich neben dem Gefängnis. Jochen Voit leitet die Gedenkstätte. Er sagt: „Wir wollten den positiven Aspekt ans Ende stellen, dass Zivilcourage zur Überwindung der Diktatur beigetragen hat."

Die Geschichte des Gefängnisses reicht allerdings weiter zurück als nur bis in die DDR. Der Grundstein für das markante, aus Klinkern errichtete Gebäude wurde bereits 1875 gelegt, also in der Kaiserzeit. Aus heutiger Sicht würde niemand auf die Idee kommen, ein Gefängnis am Rande des Domplatzes zu errichten, also mitten in der Stadt. Damals galt dies als praktisch. In unmittelbarer Nachbarschaft entstand zur gleichen Zeit das Landgericht. Für kurze Wege zwischen Gerichtssälen und Zellen war sozusagen gesorgt.

Auch während der Weimarer Republik, im Dritten Reich sowie in der sowjetischen Besatzungszone blieb das Gefängnis in Betrieb. Die Staatssicherheit übernahm zu Beginn der 1950er Jahre zwei Flure der von der Volkspolizei unterhaltenen Anstalt. Eigens dazu wurde 1954 ein Nutzungsvertrag aufgesetzt. Dessen Paragraph 3 besagt: „Der Vertrag läuft auf unbestimmte Zeit." Tatsächlich überlebte der Knast sogar die DDR. Noch bis zum Jahr 2002 wurden Teile des Gebäudes in der Andreasstraße als Haftanstalt genutzt.

Einen bewussten Kontrapunkt zum rau anmutenden Gefängnis setzt der 2012 errichtete, verspiegelte Anbau. Auf die Fassade dieses Kubus' hat der Zeichner Simon Schwartz 42 Fotos aus der Zeit der friedlichen Revolution übertragen. Sie fügen sich zu Thüringens größtem Comic. Die moderne Bildsprache soll insbesondere das Interesse der jüngeren Generation wecken.

Im neugebauten Kubus finden Veranstaltungen statt.

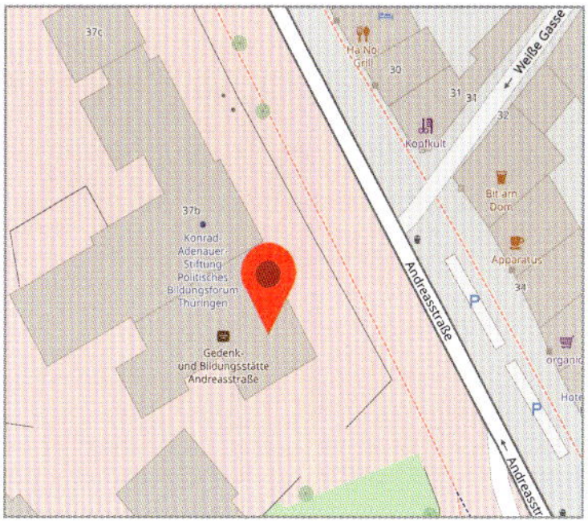

Andreasstraße 37a
99084 Erfurt
Die Gedenk- und Bildungsstätte öffnet täglich außer montags für Besucher.

27 | Innenstadt
Überirdische Begeisterung und unterirdische Nöte

Juri Gagarin ist in Erfurts Stadtbild präsenter als jeder andere Person. Nach ihm wurde nicht nur eine verkehrsreiche Straße benannt. Auch ein Denkmal sowie ein Wandbild erinnern an den ersten Menschen im Weltraum. Der Juri-Gagarin-Ring heißt seit 1964 so. Zuvor trug die Straße sechs andere Namen. Damit ist es der Merkwürdigkeiten längst nicht genug. Früher floss hier kein Verkehr, sondern das Wasser der Wilden Gera.

Was bedeuten eigentlich die Buchstaben CCC auf Gagarins Helm? Zumindest all jene, die in der DDR zur Schule gegangen sind und Russisch erlernt haben, lassen sich angesichts des Wandbilds nicht verwirren. Das sich über fünf Etagen erstreckende Graffiti zeigt den Helm seitlich. Sähen wir den Kosmonauten von vorn, würden wir sogar CCCP lesen. Es handelt sich nicht um lateinische Buchstaben, sondern um kyrillische. Ins Deutsche übersetzt lautet die Abkürzung korrekterweise UdSSR – Union der sozialistischen Sowjetrepubliken. Auf Gagarins Helm steht das Kürzel seines Heimatlandes.

1961 war der Raumfahrer an Bord von Wostok 1 ins Weltall gestartet. Zwei Jahre später folgte ihm Valentina Tereschkova als erste Frau. Die Begeisterung über ihre Pionierleistungen war überirdisch. Als Gagarin und Tereschkova 1963 gemeinsam die DDR besuchten, säumten Zehntausende die Straßen und jubelten ihnen zu. Während die Kosmonauten in Berlin noch gemeinsam aufgetreten waren, trennten sich danach ihre Wege. Gagarin reiste nach Erfurt, Tereschkova nach Karl-Marx-Stadt. Am 18. Oktober 1963 sendete der Deutsche Fernsehfunk eine Konferenzschaltung von abendlichen Galas in beiden Städten.

Das Wandbild befindet sich am Juri-Gagarin-Ring 64.

Das Gagarin-Denkmal wurde 1986 aufgestellt.

Gagarin wirkte angesichts des frenetischen Applauses, der ihm in der Thüringenhalle entgegenbrandete, verlegen. Daraufhin ermunterte ihn die Tereschkova von Karl-Marx-Stadt aus, zu lächeln. Er strahlte augenblicklich übers ganze Gesicht. Die Erfurter konnten den Superstar indes auch tagsüber live erleben. Gagarin brach in einem Cabriolet zu einer Rundfahrt durch die Stadt auf.

Zu jener Zeit hieß der Juri-Gagarin-Ring noch Mao-Tse-Tung-Ring. Jedoch begann der Stern des chinesischen Kommunisten in der DDR bereits zu sinken. Als 1964 die Umbenennung anstand, fiel die Wahl leicht. Die Straße wurde nach Gagarin getauft. Seither dürfen sich die Erfurter allerdings auch fragen: Was wäre geschehen, wenn die Kosmonauten ihre Besuchsorte untereinander anders aufgeteilt hätten? Gäbe es dann einen Tereschkova-Ring in Erfurt?

Vor Gagarin und Mao trug der Ring fünf andere Namen, und diese sogar gleichzeitig. 1903 hatten die Stadtväter den Straßenzug abschnittsweise benannt: Johannesring, Krämpferring, Reglerring, Löberring und Kartäuserring. Sie orientierten sich an den jeweils angrenzenden Stadtvierteln. Bis 1951 blieb die rund 2,3 Kilometer lange Strecke derart unterteilt. Dann kam Mao zum Zuge.

Der Juri-Gagarin-Ring ist eine der jüngeren Straßen in der Innenstadt. Ihr Bau schloss an der Wende vom 19. zum 20. Jahrhundert ein ambitioniertes Projekt zum Hochwasserschutz ab. Über die Jahrhunderte hinweg hatten die Arme der Gera immer mal wieder die Altstadt überschwemmt. Versuche, das Hochwasser in die Gräben vor der äußeren Stadtmauer umzuleiten, brachten nur teilweise Entlastung. Nach der militärischen Entfestigung der Stadt (1873) reiften Planungen, Erfurt effektiv zu schützen. 1890 begann der Umbau des Festungsgrabens zum Flutgraben. Nach acht Jahren war er vollendet. Als Nächstes wurde die Wilde Gera trockengelegt und verfüllt. Eine bildliche Vorstellung davon kann man sich im Stadtmuseum verschaffen. Dort ist ein drei mal drei Meter großes Modell zu sehen. Es zeigt Erfurt um das Jahr 1870. Die Wilde Gera floss zwischen der inneren und der äußeren Stadtmauer. Auf ihrem Flussbett entstand die Ringstraße.

Diese weitgehend in Vergessen geratene Baugeschichte wurde 2020 den Erfurtern schlagartig bewusst. In jenem Sommer musste die Kreuzung von Bahnhofstraße und Juri-Gagarin-Ring grundlegend saniert werden. Auslöser waren sich leicht bewegende Straßenbahngleise. Die Schwingungen ließen auf Hohlräume im Untergrund schließen. Die Erfurter Verkehrsbetriebe (EVAG) befürchteten, dass sich ein bereits 1956 erlebtes Szenario wiederholen könnte.

Damals war die Straße teils metertief eingesackt. Bei den neuerlichen Schachtarbeiten traten Gewölbe der einstigen Augustbrücke zu Tage. Tatsächlich stellte sich heraus, dass sie beim Zuschütten der Wilden Gera nur unzureichend verfüllt worden waren.

Zurück zu Gagarin. Er starb 1968 beim Absturz eines Kampfflugzeugs. Ein Jahr später begann am Juri-Gagarin-Ring der Bau des Interhotels „Kosmos", des heutigen „Radisson Blu". Zwischen 1970 und 1976 ruhten die Arbeiten wegen Geldmangels. 1980 empfing das Hotel die ersten Gäste. Kosmisch ging es auch im Haus zu. Das Restaurant hieß „Galaxis" und das Café „Orbit". Gegenüber dem Hotel steht seit 1986 ein Gagarin-Denkmal. Bei der aus Bronze gegossenen Büste handelt es sich um eine Kopie. Das Original hatte der Bildhauer Lew Kerbel in den 1960er Jahren geschaffen. Es befindet sich in der Moskauer Allee der Kosmonauten. Einmalig ist dagegen das Erfurter Gagarin-Wandbild. Das Graffiti entstand 2014.

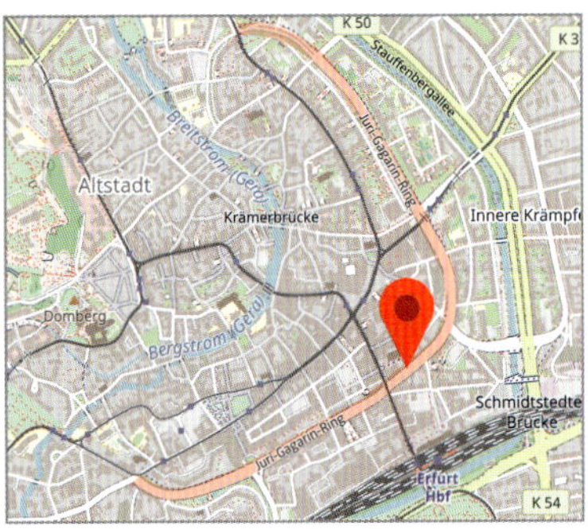

Der Juri-Gagarin-Ring ist eigentlich nur ein Halbring.

28 | Altstadt
Ein Äffchen im Briefkasten

Nur wer mutig ist, traut sich am Fischersand in einen Briefschlitz hineinzuschauen. Verletzungsgefahr besteht zwar keine. Allerdings ist es möglich, dass die eigene Eitelkeit ein wenig leidet.

Du sollst nicht falsch Zeugnis reden wider deinen Nächsten. So lautet das achte Gebot. Verkürzt wird es gern so zitiert: Du sollst nicht lügen.

Ganz ohne Lüge geht es in diesem Kapitel nicht. Eine kleine Lüge muss erlaubt sein, sozusagen eine Notlüge. Schließlich wird in den Zehn Geboten keine absolute Pflicht zur Wahrheit formuliert. Das achte Gebot verbietet lediglich jene Lügen, die andere Personen schädigen. Deshalb müssen Sie sich keineswegs dafür schämen, wenn Sie sich die im folgenden unterbreitete Schwindelei zu eigen machen. Idealerweise begeben Sie sich zuvor mit Ihrem oder Ihrer Liebsten in die Altstadt von Erfurt. Unweit des Doms erstreckt sich eine kleine Straße namens Fischersand. Hier hat sich schon im 19. Jahrhundert ein Familienbetrieb angesiedelt – die Glaserei Dürrfeld. Sie ist unser Ziel.

Spätestens dann, wenn Sie sich dem kleinen Haus mit der Nummer 6 nähern, sollten Sie geheimnisvoll tun. Erzählen Sie, von einem verschwiegenen, alten Geheimnis zu wissen. Angeblich hält die Glaserei in ihrem Briefkasten ein dressiertes Äffchen. Ermuntern Sie Ihren Partner oder Ihre Partnerin, den Deckel zu lüften und von ganz nahe diesem Äffchen in die Augen zu schauen ...

Spieglein, Spieglein an der Wand, wer ist die Schönste im ganzen Land? Den bekanntesten Vers über den Spiegel verdanken wir dem Grimmschen Märchen „Schneewittchen“. Und der Glaserei Dürrfeld verdanken wir seit Generationen einen Schabernack. Es ist allerdings nicht ganz klar, welcher der

Der Familienbetrieb besteht seit dem Jahr 1862. Der besondere Briefkasten befindet sich am Haustor.

einstigen Inhaber den Briefkasten von innen verspiegelt hat. Die heutige Geschäftsführerin Ulrike Dürrfeld vermutet, es war ihr Vater. Wie auch immer: Der Autor dieses Buchs kann sich noch gut daran erinnern, 1982 erstmals in diesen Briefkasten geschaut und sich selbst erblickt zu haben.

Wie viele Menschen sehen tagein, tagaus in diesen Briefkasten? Niemand hat es je gezählt. Nur eines ist gewiss: Die Dürrfelds haben bislang nichts dagegen einzuwenden. Vielleicht liegt es ja daran, dass Glas und Liebe eines schon immer verbindet: Beide sind zerbrechlich. Zumindest wenn Glas bricht, kann der Familienbetrieb am Fischersand zuverlässig helfen.

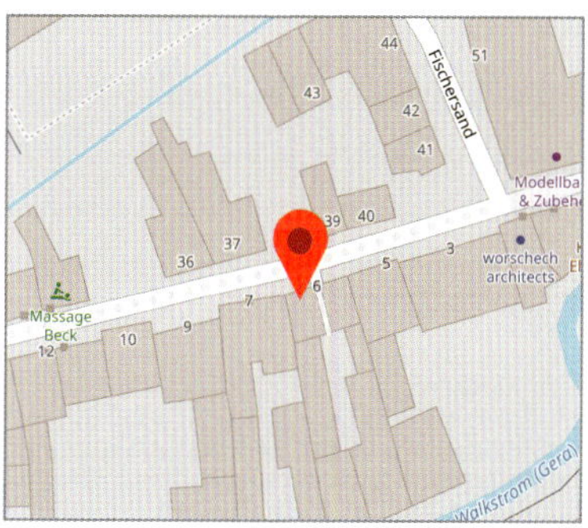

Glaserei Dürrfeld
Fischersand 6
99084 Erfurt

29 | Altstadt, Löbervorstadt, Brühlervorstadt

Allerbeste Aussichten

Während wir in den 28 vorherigen Kapiteln ausnahmslos zweite Blicke auf Erfurt warfen, geht es zum krönenden Abschluss um den Blick an sich. Besser gesagt: um den Ausblick. Wer mag, kann in Erfurt nicht nur den Katzenbergblick genießen, sondern auch in der gleichnamigen Straße wohnen. Gleiches gilt für den Stadtblick und den iga-Blick, wobei letzterer Name zumindest jüngere Zeitgenossen verwirren mag. Warum? Die iga heißt längst Egapark. Aber auch der Waldblick, der Feldblick und der Weitblick sind Wohnadressen. Bei alledem stellt sich die Frage: Von wo aus bietet sich die beste Aussicht auf die altehrwürdige Stadt?

Dass sich Einheimische wie Besucher an Erfurt nicht sattsehen können, hat vor allem mit der Altstadt zu tun. Sie bildet eines der größten Flächendenkmale in Deutschland. Bauwerke aus Mittelalter und Renaissance, aus Barock und Gründerzeit stehen dicht an dicht. Wer sie erleben möchte, muss sich nicht darauf beschränken, durch die Straßen und Gassen zu wandeln. Domberg und Petersberg laden zum Perspektivwechsel ein. Sie stellen mit ihrer unverwechselbaren Silhouette zwar selbst eine Postkarten-Idylle dar. Andererseits können wir von ihnen aus das Erfurter Zentrum wunderbar von oben bestaunen. Beide begrenzen die Altstadt gen Westen und lassen sich in nahezu jeden Stadtbummel integrieren.

70 Stufen gehören zu Erfurts berühmter Freitreppe, zu den Domstufen. Im Sommer bilden sie die Kulisse für die Festspiele des Theaters. Die übrige Zeit sind sie frei zugänglich. Wer mag, setzt sich auf eine der Stufen, schleckt ein Eis

Die Mauerkronenbrücke am Petersberg eröffnet atemberaubende Blicke auf Erfurt, sieht aber auch selbst spektakulär aus.

oder verzehrt eine Bratwurst – und genießt den malerischen Anblick der Altstadt. Schon auf den ersten Blick sticht eine Besonderheit ins Auge. Die vielen Häuser, die den Domplatz begrenzen, haben sehr unterschiedliche Höhen. Ihre Dachlinien reihen sich im Zickzack aneinander. Sie springen mal auf, mal ab.

Gleich nebenan steht mit dem Petersberg der Balkon von Erfurt. Seit eh und je eröffnet sich von seinem Plateau aus ein fulminanter Ausblick auf die Altstadt. Dank der Bundesgartenschau 2021 kamen zwei besondere Aussichtspunkte hinzu. Zum einen handelt es sich um die Figurengruppe dreier Bischöfe. Die fast drei Meter hohen Skulpturen des Bildhauers Volkmar Kühn sehen zum Domberg herüber. Viele Besucher ahmen den Blick von gleicher Stelle aus nach. Auch als Hintergrundmotiv für Selfies sind die Bischöfe beliebt.

Drei Bischöfe blicken auf Erfurt, und viele Einheimische und Gäste tun es ihnen an gleicher Stelle auf dem Petersberg nach.

Mit der Mauerkronenbrücke verfügt der Petersberg über einen weiteren, wortwörtlich zu verstehenden Höhepunkt. Sie verbindet die Zitadelle mit der ebenfalls zur Festung gehörenden Bastion Martin. Wer über diesen 108 Meter langen Steg wandelt, sollte schwindelfrei sein. Immerhin überragt die filigran anmutende Brücke das Straßenniveau um 15 Meter. Doch der Nervenkitzel lohnt. Zum einen scheinen die sechs Kirchtürme von St. Severi und St. Marien zum Greifen nahe zu sein. Zum anderen liegen uns das Theater und der Brühlergarten zu Füßen. Der Blick schweift bis hin zu den die Stadt abschirmenden Höhenlinien des Steigers und des Egaparks – und damit zu weiteren Aussichtspunkten.

Wer die Mauerkronenbrücke am Petersberg mag, wird den Aussichtsturm im Egapark lieben. Auch hier verbinden sich historisches Mauerwerk und moderne Ingenieurskunst zu einem neuen Ganzen. Der untere Teil besteht aus einem rund 500 Jahre alten Geschützturm der Festung Cyriaksburg. Er ist 15 Meter hoch. Obenauf wurde 1998 eine 21 Meter hohe Stahlkonstruktion gesetzt, die sich spiralförmig bis zu einer Aussichtsplattform heraufwindet. Von ihr aus können wir weit über Erfurt hinwegsehen, bis hin nach Weimar und zum Glockenturm der KZ-Gedenkstätte Buchenwald. Aber auch das Thüringer Becken breitet sich vor uns aus. Die unmittelbare Geschichte des

Im Egapark wurde ein Geschützturm zum Aussichtsturm umgebaut.

Die Stahlkonstruktion beinhaltet eine Wendeltreppe mit 61 Stufen.

Turms ist nicht minder faszinierend. Er gehört zur im 16. und 17. Jahrhundert errichteten Zitadelle Cyriaksburg. Bis zum Ende des Ersten Weltkriegs wurde die Festung vom Militär genutzt. In den 1920er Jahren kaufte die Stadt Erfurt das Gelände dem preußischen Staat ab. Die erste Umgestaltung zur öffentlichen Grünanlage erfolgte von 1925 bis 1928. Seit 1935 dient der Geschützturm als Aussichtspunkt. Lediglich während des Zweiten Weltkriegs und weniger Nachkriegsjahre war er nicht frei zugänglich.

Der Stadtwald Steiger erstreckt sich im Süden von Erfurt. Dem Höhenzug liegt die Stadt quasi zu Füßen. Diese Lage beschert nicht nur grandiose Aussichten, sondern wurde Erfurt sogar schon zum Verhängnis. Vom Steiger aus wurde die napoleonisch besetzte Stadt 1813 von den Preußen beschossen. Der Kanonade fiel unter anderem die Bebauung des Domplatzes zum Opfer. Heutzutage genießen viele Menschen auf der Terrasse des Waldkasinos nicht nur Pizza und Pasta, sondern zugleich die Stadtansicht. Deutlicher als von allen zuvor genannten Aussichtspunkten fällt hier auf: Es ragen nicht nur unglaublich viele Kirchtürme aus der Stadt heraus, sondern immer wieder auch Plattenbauten. Das gilt insbesondere für die Bebauung entlang des Juri-

Gagarin-Rings. Der Straßenzug bildet eine scharfe Trennlinie zwischen der Altstadt und den angrenzenden Stadtvierteln.

Wer nicht im Waldkasino einkehren möchte, für den gibt es nahebei mehr als nur eine kostensparende Alternative. Der Panoramablick vom Aussichtspunkt in der Straße Am Tannenwäldchen ist der umfassendste über ganz Erfurt. Oder anders gesagt: Er ist unbezahlbar.

Erfurt liegt am Rande des Thüringer Beckens. Vom Aussichtspunkt „Am Tannenwäldchen" erfasst man die geografische Situation am besten.

Domberg
99084 Erfurt

Petersberg
99084 Erfurt

Egapark
99094 Erfurt

Am Waldkasino
99096 Erfurt

Am Tannenwäldchen
99096 Erfurt